訳注　弁顕密二教論

松長有慶

春秋社

訳注　弁顕密二教論　目次

凡例

一　本書は弘法大師・空海の著作になる『辯顕密二教論』を取り上げ、その内容について広く江湖の理解を得るために、もとになる漢文を、まず【現代表現】に改めて提示し、ついで【読み下し文】を加え、さらに原文中の難解な用語を解説する【用語釈】を付す三段の構成からなる。ただし必要に応じて、【要旨】、【解説】などを付け加えた。

一　底本として『弘法大師全集』第一輯（祖風宣揚会編　明治四三年刊、高野山大学密教文化研究所　昭和四〇年復刊）に依ったが、『定本弘法大師全集』第三巻（高野山大学密教文化研究所　平成六年）をも参考にした。

一　【読み下し文】は中川善教編著『漢和対照　十巻章』（高野山出版社　昭和五二年）を参照したが、著者の見解により改めた箇所もある。

一　漢文の助辞、副詞、代名詞、接続詞も、できる限り漢字で残したが、漢字が連続して読みにくい場合は、かな書きに改めた箇所もある。

一　漢字は旧字、略字、俗字などを、現行の字体に改めた。ただし略字などが旧字と意味が変わる場合は、旧字を用いた。（例）辯（弁）、慧（恵）など。

一　参考文献が版本であって、和綴じ本で中央に頁数が記されている場合、本書では、頁に続き左右の順で記載している。また『続真言宗全集』では頁数が、上部では算用数字が、下部では漢数字が用いられ、両数字が必ずしも一致していないが、本書では上部に掲載されている算用数字に依っている。『真言宗全書』では、注釈書ごとの頁数と、通頁数の両方が記載されているが、通頁に依った。

参考文献

（【 】は略記号、（ ）は初出）

〈基本文献〉

『弘法大師全集』第一輯　高野山大学密教文化研究所　一九六五年（〇九年）　【弘全】

『定本弘法大師全集』第三巻　高野山大学密教文化研究所　一九九四年　【定弘】

〈読み下し文の参考文献〉

中川善教編『漢和対照　十巻章』高野山出版社　一九七七年　【中川】

〈参考文献〉

（江戸時代までの注釈書）

濟暹『辨顕密二教論懸鏡鈔』六巻（『大正新脩大蔵経』第七十七巻）　【濟暹】

静遍口・道範記『二教論手鏡鈔』三巻（『続真言宗全書』第十八巻）続真言宗全書刊行会　一九八四年　【道範】

頼瑜『二教論指光鈔』五巻（『真言宗全書』第十二巻）真言宗全書刊行会　一九三五年　【頼瑜】
杲宝・頼我『二教論研覈鈔』十三巻（『続真言宗全書』第十八巻）続真言宗全書刊行会　一九八四年　【杲宝】
宥快『二教論鈔』三十巻（『真言宗全書』第十二巻）真言宗全書刊行会　一九三五年　【宥快】
宥快『二教論興国鈔』五巻（『真言宗全書』第十二巻）真言宗全書刊行会　一九三五年　【興国】
成雄『二教論問題』（『十巻章問題』）一八八〇年　【問題】
覚眼『辯顕密二教論撮義抄』六巻（『智山全書』第八巻）智山全書刊行会　一九六六年　【覚眼】
義剛『二教論談塵』四巻（『続真言宗全書』第十八巻）続真言宗全書刊行会　一九八四年　【義剛】
妙瑞『続宗義決択集』巻五・巻六（合本十二冊の内）佐伯旭雅改訂・源宏忍校訂

亮海『辯顕密二教論講筵』三巻（『智山全書』第八巻）智山全書刊行会　一九六六年　【亮海】

戒定『辯顕密二教論注釈』一巻（『豊山全書』第八巻）豊山全書刊行会　一九三八年　【戒定】

（近代の解説書）

塚本賢暁『国訳辯顕密二教論』（『国訳密教』論釈部第一）国訳密教刊行会　一九二〇年　【塚本】

高井観海『即身成仏義・弁顕密二教論講義』名著出版　一九三四年　【高井】

亀井宗忠『辯顕密二教論』（『国訳一切経』和漢撰述　諸宗部二十）大東出版社　一九三七年　【亀井】

那須政隆『辯顕密二教論の解説』大本山成田山新勝寺　一九八七年　【那須】

栂尾祥雲『現代語の十巻章と解説』高野山出版社　一九七五年（五〇年）　【栂尾】

佐藤隆賢『辯顕密二教論』（『弘法大師空海全集』第二巻）筑摩書房　一九八三年【佐藤】
小田慈舟『辯顕密二教論』（『十巻章講説』下巻）高野山出版社　一九八五年【小田】
頼富本宏『弁顕密二教論』（『空海』・『日本の仏典』2）筑摩書房　一九八八年【頼富】
福田亮成『現代語訳　弁顕密二教論』（『弘法大師に聞くシリーズ』5）ノンブル社　二〇〇一年【福田】
金岡秀友『空海　弁顕密二教論』太陽出版　二〇〇三年【金岡】
加藤精一『空海「弁顕密二教論」』角川ソフィア文庫　二〇一四年【加藤】
村上保壽『空海教学の神髄「十巻章」を読む』法蔵館　二〇一六年【村上】
竹村牧男『空海の言語哲学』春秋社　二〇二一年【竹村】
弘法大師著作研究会編『『弁顕密二教論』の研究』（高野山大学密教文化研究所紀要別冊）二〇二二年【紀要別・二教】

『大正新脩大蔵経』第三十二巻五百七十二頁下段（例示）【大正】三二・五七二下

訳注　弁顕密二教論

『辯顕密二教論』の全体像

1　顕教と密教

『辯顕密二教論《べんけんみつにきょうろん》』は顕教《けんぎょう》と密教《みっきょう》の二教を「辯ずる」つまり分けてその性格を明らかにする論である。空海が唐の都である長安に留学し、青竜寺《しょうりゅうじ》の恵果阿闍梨《けいかあじゃり》から、インド伝来の正系の密教を受法して帰国し、顕密二教の相違を最初に表明したのは、朝廷に対する帰国報告書ともいうべき『御請来目録《ごしょうらいもくろく》』であった。

だがその内容は要点のみでごく簡単なものである。後になって新たに請来した密教の特色を詳しく述べ、それまでに日本に流布していた仏教の各宗の教えに対して、どのような点において密教が優れているかを詳しく論述する意図のもとに著作したのが『辯顕密二教論』（以下、略称『二教論』）である。

ただ南都（奈良）と北嶺（比叡山）を始め日本の仏教界において、空海が帰国した九世紀初頭に知られていた仏教は、いずれも中国においてその思想研究も重ねられ、宗派もしくは学派としてその存在が認知されていた。ところが密教を基盤とする仏教の流れは、インドはもちろん中国においても宗派として存在せず、九世紀初頭の日本ではまったく知られてはいなかった。

このような時代背景のもとに、中国より密教という新しい種子を日本にもたらし、その思想的な卓越性と社会的な有効性を、律令国家をはじめ仏教界に認知させ、新しい土地に定着させるためには、移植者にとって想像以上の困難さと、独自の手法が要請されて当然のことであった。

空海はその生涯に数多くの著述を残しているが、帰国直後に『御請来目録』を朝廷に呈上した後、嵯峨帝の即位した弘仁元（八一〇）年十月以降に、諸種の表、ないし文章を述作している。ただ本格的な著述としては、『二教論』は『広付法伝』とともに初期の代表的な著作と見做されてよい。

空海の初期の著作のうち、『御請来目録』と『二教論』、および弘仁六（八一五）年四月に記された『勧縁疏』の三書は、従来の仏教つまり顕教に対し、新たに自らが請来した密教の優位性を鮮明にしているところに特徴がある。しかしこれらの書の中で、顕教に対する密教という語は、『二教論』（本書、二三三頁）と『勧縁疏』（【定弘】八・一七三）に、各一か所使われているのみで、大部分は密蔵の語が用いられている。

『二教論』は上下二巻に分かれるが、その内容の主眼は、

1　法身説法の可否と、

2　果海の説不、つまり覚りの世界の内容を説きうるか否か。さらにテーマとしては、

3　即身成仏が掲げられているが、その内容は極めて簡略で、即身成仏に関しては詳細な論理構成が、この段階ではまだできあがっていなかったと見るべきであろう。

下巻は法身説法に関する典拠の補足が主で、主要なテーマは上巻に込められていると見てよい。ただし『二教論』における仏身観の不統一を始めとし、上巻と下巻との間に撰述意図の違いと、時間的な間隔があったのではないかと見る見解（村上保壽「辯顕密二教論の撰述時期とその周辺」『高野山大学論叢』五二、一〇―一一頁）がすでに提出されており、筆者もその意見にほぼ賛同する。

2 法身説法

『二教論』における顕密対弁のテーマの主題は、密教の法身説法の主張である。当時の仏教では、中国でも日本においても、法身すなわち真理そのものが説法することはありえない、とする考えがほぼ共通認識であった。このような一般仏教の常識に果敢に挑戦して、新たに請来した密教を朝野に紹介し、その独自性を鮮明にするためには、それまでの仏教界では想像もしえない、真理自体が説法するという法身説法の理論構成を公開し、典拠となる経典を明示する必要があった。

空海が帰国後『御請来目録』に付して朝廷に提出した経典、論書、曼荼羅などは、嵯峨帝の即位後に空海に返却されている（藤原冬嗣宛書簡【定弘】七・一〇七）。手元に戻った資料を用い、弘仁の初頭から空海の本格的な著作活動が始まったものと思われる。『二教論』では法身説法が主たる論題ではあるが、その基礎となる仏身観にいくらか揺らぎが認められる。最初期に属する著作である『二教論』には、資料の整理が十分に行き届かぬ箇所が残り、そのために明快な論理構成に欠ける点がいくらか存在し、さらに典拠とした経典にもいくつかの疑問点が見出される。それらを十全に整理するにはかなりの困難が伴うが、その一端でも紹介してみよう。

（注）『二教論』に関係する経論中の仏身論については、加藤精一『弘法大師思想論』（春秋社、二〇〇二年）、『弘法大師空海論考』（春秋社、二〇〇六年）に関係論文がいくつか収録されている。

『二教論』の仏身論は基本的には、冒頭に提出される法身、受用身、変化身の三身説である。このうち受用身は、自受用《じじゅゆう》と他受用《たじゅゆう》の二身に分かれ、そのうち自受用身は法性仏として法身の範疇に入ると見ることができる。この場合、法性仏という法身は、自らの覚りの内容を自らの眷属に対して、自らの楽しみ、すなわち自受法楽《じじゅほうらく》のためだけに説き明かす。これが密教である。一方、顕教では他受用身と応化身が衆生各自のそれぞれの宗教的な能力に応じて具体的な形で説法が行われる。

法身が説法すると主張するならば、経典の中にその証拠が存在することを明らかにせねばならないが、空海は『五秘密軌《ごひみつき》』をはじめとする八種の経典と二種の論書、計十種の典拠を挙げて、その疑問に答えている（本書、一四一頁参照）。これらのうち新しく請来された密教経典は一応措くとして、一般に知られている顕教関係の経論の中に、法身の説法がすでに説かれている論拠を示すことができれば、より説得力をもつ。

密教経典以外に、法身説法が説かれているとされるのは、『楞伽経《りょうがきょう》』、『大智度論《だいちどろん》』、『釈摩訶衍論《しゃくまかえんろん》』の一経と二論である。これらの中では、『釈摩訶衍論』については後に一章を設けて検討するので、ここでは触れない。

まず『楞伽経』の漢訳に、求那跋陀羅《ぐなばだら》訳の四巻本、菩提流支《ぼだいるし》訳の十巻本、実叉難陀《じつしゃなんだ》訳の七巻本の三本が現存する。そのうち空海の依用する『楞伽経』は菩提流支訳である。まず①「大恵、法仏の説法とは、心相応の体を離れたるが故に、内証聖行の境界なるが故に、大恵、是れを法仏説法の相と名づく」（【大正】一六・五二五中下）。

さらに②「復た次に大恵、法仏の説法とは、攀縁《へんねん》を離れ、能観と所観を離れたるが故に、所作の相と量の相を離れたるが故に、諸の声聞縁覚外道との境界に非ざるが故に」（同頁下）とある。ところがこれらの漢訳文を、サンスクリット文献（南条文雄校訂『梵文入楞伽経』大谷大学、一九二三年、五六—五七頁）と対照すると、「法仏」はdharumatā-buddhaすなわち法性仏であるが、前掲①の漢訳の最後の「法仏説法の相」の文が欠けている。つまりサンスクリット文に無い語がここに付加されているのである

（詳細は拙著「空海の引用文の特質」『松長有慶著作集』３・四九頁参照）。漢訳②も法仏の説法と訳されてはいるが、内容は法仏の覚りの境地が声聞・縁覚のそれとは同じではないことを述べているに過ぎず、この文がそのまま法身説法を説いているわけではない。『楞伽経』漢訳の他の二本も、この点に関しては大筋において同様である。『楞伽経』漢訳三本と現存のサンスクリット本とは全体的に見て必ずしも完全に対応してはいない。サンスクリット本が複数存在したことも予想されるが、これだけでは経典自体がここで法身の説法を述べているという確証とはならない。

さらに『大智度論』においても、法身の説法ありとの文（本書、一九二頁参照）があるが、この場合は「法性身」で、「色像端政」とか「相好荘厳」とか、その姿が具体化して描かれている。これは通常いわれる法身ではない。空海は当然この翻訳のブレを知っていたわけではないが、この貴重な記述を目ざとく見つけだし、自己が主張する法身説法の有力な論拠として取り上げたことは確かである。

3　果分の説不

果分とは、因と果、すなわち現実（迷い）の世界と、真理（覚り）の世界を対峙させた中での果の領域、つまり覚りの境地を指す仏教の術語である。『二教論』では、華厳・天台・法相・三論のいわゆる四家大乗《しけだいじょう》それぞれが、覚りの領域は仏の領域に属するために、それを説き明かすことは不可能であり、もしそれを説くとすれば、否定的な言詞を並べるよりほかはないとする。ところが密教では、果分は可説なりと主張する。

果分を可説と認めるには、受用身を自受用と他受用に二分して、金剛界の三十六尊の出生を説く、不空訳と伝えられる『分別聖位経《ふんべつしょういきょう》』が有力な典拠となる。すなわち「毘盧遮那仏自身が受用する四智を他にも受用させるために、四智から四仏を流出して、それぞれを自らの四方に配置し、衆生の大菩提心を浄化した後、再び毘盧遮那仏に還らせ、自らと一体となり、さらに三十六尊として流出させる（要約）」（【大正】一八・二八八中）。毘盧遮那仏は自受用法身としては自らの法楽のためだけの説法に留まるが、一切衆生の教化のために他受用身たる金剛界の諸尊となり説法する。

この『分別聖位経』は不空訳ではなく、不空述ではないかとの疑念も古くから持たれている。それだけではなく自性《じしょう》、受用、変化《へんげ》、等流《とうる》の四身を説く「序文」、あるいは梵本の『入楞伽偈頌品』からの引用（【大正】一八・二九一上）と断りながら、実は実叉難陀訳（【大正】一六・六三二下）の四身説を持ち込む点など、疑問点は少なくない。だが中国での経録『表制集』、『開元釈経録』、『貞元録』、ないし空海の『御請来目録』にその名が記されているから、少なくとも三十六尊の出生を説く主体の部分は請来本であったと思われる。

4 『釈摩訶衍論』の重視

空海の教学において『釈摩訶衍論』（略称『釈論』）は重要な地位を占めている。『二教論』にあって、殊にその比重は高い。『釈摩訶衍論』という書名の「摩訶衍」はサンスクリット語の mahāyāna の音訳であり、「大乗」という意味を持つ。つまり大乗を釈するという壮大な名称がそれに付されている。竜猛（竜樹）菩薩造といわれているが確証はない。

『釈論』は大乗仏教の中心的な思想を理論と実践との両面からまとめた一種の仏教概論とも目される『大乗起信論』（略称『起信論』）の注釈書とされる。この『起信論』は馬《め》鳴《みょう》菩薩造、真諦《しんたい》訳といわれているが、インドで成立していたか、中国撰述なのか、明治時代から論争が繰り返されてきた。『釈摩訶衍論』は、この『起信論』の内容を逐一注釈するのではなく、大乗仏教を総説した「不二摩訶衍」の思想を、さらに独自の切り口により解釈した論書とされる。

『釈論』もまた中国撰述説あるいは偽撰説が古くから有力であった。南都の大安寺の学僧であった戒明《かいみょう》が、七七八ないし七七九年に帰朝する際に持ち帰った書であるが、請来当時から偽撰書の疑いがもたれていた。当時の文章博士であった淡海《おうみの》三船《みふね》から厳しい糾弾を受け、また伝教大師・最澄からも無視されたことが知られている。

このように南都からも、北嶺からも、信頼を寄せられず、軽視されていた『釈論』を、空海は新しく請来した密教の理論的な基盤を構築する最も重要な資料の一つとして取り上げた。それは何故か。その理由の一に挙げられるのは『釈論』の重要な基幹思想である「不二摩訶衍」が空海の法身の説法の主張に整合し、その裏付けを与えるからである。

『釈論』はその元になる『起信論』の中の立義分に、あらゆる仏法が凝縮しているとする独特の解釈を与えている。それを説明するために、一切の仏法を十六の所入《しょにゅう》の法と、十六の能入《のうにゅう》の法とを合わせた三十二門に集約し、その上にあらゆる相対性を超越した覚りの境地そのものである「不二摩訶衍」を加えて、都合三十三法門を樹《た》てている。その中、三十二法門はいずれも仏が説法する相手の宗教的な素質に応じて説かれた教えであり、それに対して不二摩訶衍は仏の覚りの絶対の世界とされる。

このように一切の仏法を相対の世界と、絶対の世界に二分し、絶対の世界を究極の境地としての不二摩訶衍と表現する方法は、果海の可説、法身の説法を新たに主張する空海の思想的な立場に支援を与えている。

そのほか顕教の思想を一つずつ否定し、究極の表現不可能な覚りの境地に導く手法は、『二教論』の中の五重問答、あるいは『秘蔵宝鑰』、『十住心論』のそれぞれの住心の階位を判定する記述の中に特徴的に認められるのである。

さらにまた『釈論』の元になる『大乗起信論』には、論題の「大乗に向かい信を起こす」その大乗すなわち「摩訶衍とは衆生心すなわち凡夫一人一人の心に他ならない」と説かれている。衆生の心がそのまま仏の心に他ならないという考えは、本覚思想とも如《にょ》来蔵《らいぞう》思想ともいわれる。空海の説く十住心の基盤となる『大日経』の住心品第一の主題である「菩提心」の心は、凡夫の心であるとともに、仏の心でもある。この衆生心即仏心という如来蔵思想は、当然のことながら密教の思想の根底にも潜んでいる。空海が『釈論』に傾倒する心情の中に、両者に通底する如来蔵思想があると見てよいであろう。

『釈摩訶衍論』の内容については紙幅の関係でここでは触れない。優れた研究書が残されているので、以下に書名を記すにとどめる。

森田龍僊『釈摩訶衍論之研究』（山城屋文政堂、一九三五年）

那須政隆『釈摩訶衍論講義』（成田山新勝寺仏教研究所、一九九二年）

大山公淳『密教史概説と教理』第七章「釈論概説」（『大山公淳著作集』第一巻、ピタカ、一九七八年）

早川道雄『釈摩訶衍論の新研究』（ノンブル社、二〇一九年）

柏木弘雄『『釈摩訶衍論』を読む』（真言勧学之会、一九九九年）『大乗起信論』と『釈論』の関係を中心に学術的な内容を極めて平易に解説した講伝書

5　不読段《ふとくだん》

空海の著作の中には、不読段と称される箇所を含む書物がいくつか存在する。『二教論』もその中に含まれる。不読段とは読んで字の如く、読まない箇所という意味である。何故なのか。密教は本来的に資格のある阿闍梨《あじゃり》が受者を選んで、一人から一人に直接的に伝達されるべきものであるから、秘伝とされる内容は公開すべきではないとされる。それは密教関係の書物の中で、実際の行法に関する記述を含む箇所が存在する場合に多いが、教学に関する書物の中にもいくらか存在する。

『二教論』の中にも、不読段は三か所存在する。聴衆の中に部外者が含まれておれば、伝統教学において講義する際に、その部分は読まれず、解釈もなされないしきたりである。このような習慣は、中世に自己の流派の伝承を尊重し、秘伝を重んじる密教の事相の影響と考えられる。しかし不読段が『二教論』に含まれているのはいかにもおかしい。『二教論』はそもそも真言宗の宗祖である空海が、日本に初めて請来した密教を、それまでその存在をまったく知らなかった南都・北嶺を始めとする諸々の学僧に披露し、その価値を広く朝野に認識させる目的のために撰述された書物である。広く読んでほしいと望む書物の中に、読まれては困るという箇所をいくつも含むというのは自己矛盾も甚だしい。中世の事相家の誤った伝承を、今日まで継承して、『二教論』の内容解説に当たる書物にまでその伝統を持ち込むことを、本書では差し控えることを了承いただきたい。

6 撰述年代

初めて日本において、独自の仏教の思想を移植し、社会的な認知を得て、それを定着させるために必要な手続きは、まずその思想的な特色を鮮明にし、開示することである。その目的をもって空海がとった手段は、自らが請来した密教が従来の一般仏教つまり顕教に比して、どのような特色を持ち、社会の人々にそれがどれほど有効であるかを示すことである。そのために『二教論』が撰述された。また請来された密教が、まがいものではなく、正当な系譜をもつことを表明するために『広付法伝』が著作された。

空海の著作の中で、最初期にまとめられ公開されたのは、『二教論』と『広付法伝』

であったと考えられる（ただし『二教論』上下巻が著作後直ちに公開されたかという点に関していささか疑問が残る）。ただこれら両書の先後関係は厳密には確定しえない。『広付法伝』の最後の「第三問答決疑」に、「法身説法章に説くが如し」（【定弘】一・一一六）との記述が存在し、この「法身説法章」とは『二教論』であるとの考えにより、『二教論』を先とする意見がある。しかしこの第三問答決疑は、内容から見て、後に従来の仏教界から密教に対していくつかの疑念を発せられた際に著作し、付加された可能性も否定しえないので、この点だけで両書の前後関係を断定することはひとまず避ける。『二教論』の内容は、弘仁六年に書かれた『勧縁疏』の内容に比して、論旨にかなり未整理な点が残る。したがって『二教論』の上巻はそれより早く、弘仁のごく初期に撰述されたものと推定される。ただし下巻は、資料の追加提出の感が否めないために、上巻よりやや遅れると考えてよいであろう。

『辯顕密二教論』巻上

Ⅰ　序論

1　顕教と密教

【要旨】

序論においてまず一般の仏教を意味する顕教《けんぎょう》と、空海が初めて日本にもたらした仏教の新しい流れである密教と、これら両教を説く教主《きょうしゅ》それぞれの仏身《ぶっしん》の違いを簡略に述べ、この論を撰述する目的を明らかにする。

【現代表現】

大乗仏教では通常、仏の身体を三種類、すなわち法身《ほっしん》、応身《おうじん》、化身《けしん》の三身に分けて考えているが、さらに仏の教えは顕教と密教の二種に分けられる。

仏の三身の中では、応身と化身が説いた教えが顕教《けんぎょう》である。その教えは取りつきやすく、受け取る人それぞれの宗教的な素質に合わせて説かれたものだから、表面的には分かりやすい。それに対し法身仏の説かれた教えを密蔵《みつぞう》あるいは密教《みっきょう》という。その教えは表面的に理解するには容易ではないけれども、本当のところは奥深く、ものごとの本質に触れている。

顕教の経典の数は極めて多い。『釈摩訶衍論《しゃくまかえんろん》』第一（【大正】三二・五九三上中）によれば、部で数えれば百億の部、蔵でいえば、一蔵とせられる法界法輪蔵《ほうかいほうりんぞう》を始め、十蔵とか、菩薩の修行段階の五十位に覚りの段階の一位を加えた五十一位に対応する五十一蔵といった区別もあり、大乗とか小乗といった仏教の教えに従う人々を運ぶ乗り物の区別をあらわす乗でいえば、一とか二とか三とか四とか五などそれぞれの乗に分かれる。修行に関しては布施《ふせ》・持戒《じかい》・忍辱《にんにく》・精進《しょうじん》・禅定《ぜんじょう》・智慧《ちえ》という六波羅蜜《ろくはらみつ》の徳目が掲げられており、その行が完成し、成仏するまでの期間でいえば、三大無数劫《むすこう》という無限といってよいような長い歳月が必要とされる。これらの点については偉大なる聖者である仏が、そのわけをすでに明瞭にお説きになっておられるから疑う余地はない。

私が中国より新たに請来した秘経の中の『金剛頂経《こんごうちょうきょう》』系統の経典の一つである『分《ふん》別聖位経《べつしょういきょう》』によれば、如来は変化身を現されて、最終的な修行段階である十地に入る以前の大乗の菩薩とか、二乗つまり声聞と縁覚などの小乗教徒や凡夫などのために、大小乗のさまざまな教えをお説きになっておられる。とりわけ法身の中でも他を教化するために現れた他受用身《たじゅゆうじん》は、十地《じゅうじ》の修行を積んでいる大乗の菩薩のために、優れた法華とか華厳などの一乗の教えをお説きになられたのである。とはいえこれらはすべて顕教である。

一方、法身の中でも自性受用仏《じしょうじゅゆうぶつ》は、自身が楽しむために、自らの身体から流出《るしゅつ》したそれぞれの眷属に対して、身口意《しんくい》の三密の教えをお説きになられるのである。これを密教という。この三密の教えとは、如来がご自身でお覚りになった境地そのもので、大乗仏教の行者の中でも最高の等覚位《とうがくい》とか十地の修行を完成した菩薩といえども、そのような深い境地に入ることができない。ましてや小乗教徒や凡夫はその境地の片隣にすら触れることができないのである。そのために『十地経論《じゅうじきょうろん》』とか『釈摩訶衍論』には、このような覚りの境地に到達することは、どのようにすぐれた宗教的な素質を具えた人でも難しいといい、『成唯識論《じょうゆいしきろん》』や『中観論《ちゅうがんろん》』には、このような境地については言葉で表現する方法はなく、心で推し量ることも不可能であると嘆いている。このように覚りの世界を通常の言語や認識能力を超えた境地だとする考えは、どれも現実世界の常識の範囲で判断したもので、真理の世界に到達した仏の観点からではない。どうしてそのようなことを知ることができるかといえば、経典や論書に、明瞭な証拠があるからである。その証拠については後に詳しく述べることにする。仏の教えの真実を極めようと志す人は、どうかその趣旨を間違いなく汲み取っていただきたい。

【読み下し文】

夫《そ》れ仏《ほとけ》に三身《さんじん》有り。教えは則ち二種なり。

応化《おうけ》の開説を名づけて顕教《けんぎょう》と曰う。言《ことば》は顕略にして、機に逗《かな》えり。法仏の談話《だんかい》、之れを密蔵と謂う。言は秘奥《ひおう》にして実説なり。顕教の契経《かいきょう》、部に百億有り。蔵を分《わか》てば則ち一・十・五十一の差《しゃ》有り。乗を言えば則ち一・二・三・四・五の別有り。行を談ずれば六度《ろくど》を宗《しゅう》と為し、成《じょう》を告ぐれば三大を限りと為《す》。是れ則ち大聖分明《だいしょうふんみょう》に其の所由《しょゆ》を説きたまえり。

若し秘蔵『金剛頂経《こんごうちょうきょう》』の説に據《よ》らば、如来の変化身《へんげしん》は地前《じぜん》の菩薩及び二乗《にじょう》凡夫等の為に三乗の教法《きょうぼう》を説き、他受用身《たじゅゆうじん》は地上《じじょう》の菩薩の為に顕の一乗等を説きたまう。並びに是れ顕教なり。

自性受用仏《じしょう》は自受法楽《じじゅほうらく》の故に、自眷属と与《とも》に各《おのおの》三密門を説きたまう。之れを密教と謂う。此の三密門と者《は》、所謂《いわゆる》如来内証智の境界なり。等覚《とうがく》・十地《じゅうじ》も室《しつ》に入ること能わず。何《いか》に況《いわん》や二乗・凡夫誰か堂《とう》に昇ることを得んや。故に地論《じろん》・釈論《しゃくろん》には其の機根《きこん》を離れたりと称し、唯識《ゆいしき》・中観《ちゅうがん》には言断心滅《ごんだんしんめつ》と歎ず。是の如き絶離《ぜつり》は並びに因位《いんに》に約して談ず。果人を謂うには非ざるなり。何を以てか知ることを得る。経論に明監《みょうかん》有るが故に。其の明証《みょうしょう》具に列《つら》ぬること後《のち》の如し。求仏《ぐぶつ》の客庶《こいねがわ》くは其の趣《おもむき》を暁《さと》れ。

【用語釈】

「仏の三身」　仏の身体についてその数を挙げれば、一、二、三、四など複数あるが、その中でも最も一般的なのは、三身説である。その三身説でも現在よく知られているのは、法・報・応の三身説であるが、『二教論』の冒頭ではそれではなく、法・応・化の三身説を取り上げている。その典拠は義浄訳の『金光明最勝王経《こんこうみょうさいしょうおうきょう》』（略称『金光明経』）とされる（【加藤】一六）。

「教えの二種」　顕教と密教の区別について、空海以前の中国仏教における用例が整理されている。詳細は【紀要別・二教】土居夏樹の報告を参照されたい。

「機」　機根《きこん》の略。生まれつき具わっている宗教的な素養のこと。

「法仏」　法身仏の略。

「釈摩訶衍論」　【大正】三二巻所収。竜樹作と伝えられる『大乗起信論《だいじょうきしんろん》』の注釈書とされるが、古くから偽選説もあり、問題の書である。とはいえ空海はこの書の本覚思想に注目し、自ら組織化した真言密教の教説の中で、その典拠として数多く取り上げている。

「契経」　サンスクリット語の sūtra の漢訳で、経典のこと。

「部」　経典を分類する部帙。

「蔵」　経典を種類別にする単位、たとえば経・律・論の三蔵はよく知られている。

「乗」　彼岸（覚りの世界）に人々を渡す舟のような乗り物の喩え。大乗、小乗等。

「六度」　度は彼岸に渡す意味。覚りの世界に渡るための六つの実践目標をいう。すなわち布施、持戒、忍辱、精進、禅定、智慧を指す。

「三大」　三大無数劫《さんだいむすこう》の略。劫は無限の時間の経過をいい、それをさらに三倍した無限の歳月のこと。

「大聖」　偉大なる聖者、多くの場合、仏陀を指す。

「秘蔵金剛頂経」　ここでは『略述《りゃくじゅつ》金剛頂《こんごうちょう》瑜伽《ゆが》分別《ふんべつ》聖位《しょうい》修証《しゅしょう》法門《ほうもん》』（略称『分別聖位《ふんべつしょうい》経《きょう》』）（【大正】一八・二八八上中）を指す。この経典の序には、仏の身体に関して、自性《じしょう》、受用《じゅゆう》、変化《へんげ》、等流《とうる》の四種身の名が述べられている。この記述は密教における四種法身の典拠とされる。その中で、変化身（としての釈迦）が菩提道場において覚りを得て、十地以前の修行段階にある大乗の菩薩を始め声聞・縁覚や凡夫に対して法を説くという点では、顕教の変化身と変わりがない。

特異な点は、『分別聖位経』では受用身はさらに自受用《じじゅゆう》と他受用《たじゅゆう》に二分されることである。

自性法身《じしょうほっしん》（理法身）は真理そのものを仏とみなした身体であるから、顕教では説法しないと考える。それに対して、『分別聖位経』では、自受用法身（智法身）としての金剛界の毘盧遮那仏《びるしゃなぶつ》が阿閦《あしゅく》・宝生《ほうしょう》・阿弥陀《あみだ》・不空成就《ふくうじょうじゅ》の金剛界の四仏を始めとする三十六尊を自らの身体から流出《るしゅつ》し、これら諸尊が毘盧遮那如来から灌頂を受け、教主となって三密の教えを説くと述べられている。自らの身体から流出した諸尊に対する説法であるが、この点において、法身に説法ありという空海独自の思想の典拠となる。

「地前の菩薩」　大乗仏教の菩薩には修行の段階が五十位定められているが、その四十一位から五十位に、十地《じゅうじ》の過程がある。そこまで到達していない菩薩。

「二乗」　声聞と縁覚の教え。大乗に対して小乗といわれる。

「三乗」　声聞・縁覚の二乗に大乗の菩薩乗を加える。

「地上の菩薩」　十地の修行段階にある菩薩。

「一乗」　天台ないし華厳の教え。

「自受法楽」　法身説法は自ら流出した眷属を相手に、つまり自身に対しての説法であるから、他を教化する目的を持たず、ただ自らの法の楽しみを受け取るためだけに説くと考えられている。

「三密門」　身と口と意の三種の秘密の働きに関する教え。

「内証智」　自身が獲得し、自分だけが味わうことのできる覚りの智慧。

「等覚」　菩薩の修行段階に五十の階梯（十信、十住、十行、十回向、十地）があり、さらにその上に、等覚と妙覚《みょうかく》が加わる。

「十地」　菩薩の修行段階の五十位の中の最上の十段階をいう。

「堂に昇る、――室に入る」　室堂事、『論語』第六より引用された句【宥快】（一六四下）、技芸や学問などが少し進んだことを、「堂に昇る」といい、完成していることを「室に入る」という。

「地論」　『十地経論』の略。天親《てんじん》造・菩提流支訳（【大正】二六巻）。『華厳経』十地品を釈した論書。

「釈論」　『釈摩訶衍論』の略称。

「唯識」　護法造・玄奘《げんじょう》訳『成唯識論《じょうゆいしきろん》』十巻（【大正】三一巻）を指す。

「中観」竜樹《りゅうじゅ》造・羅什《らじゅう》訳『中論』(【大正】三〇巻)を指す。

「言断心滅」覚りの境涯は通常の言葉で表現しえず、人間の心で推し量りえない、言語と心量を絶離していること。

「絶離」隔絶していること。

「因位」迷いの世界。

「果人」果は覚りの世界。果人は覚りに到達している人。

2 顕密——教えの効能の優劣

【要旨】

『周易』や『文選』などの中国の古典、あるいは『涅槃経』、『法華経』などの仏典の中の当時よく知られていたエピソードを用いて、劣った価値をもつ顕教に心を奪われる人々の目を密教に向けさせ、隠されている密教の本当の価値に気づかせるために、この論を撰述すると宣言する。

【現代表現】

たとえてみれば、顕教はお粗末な網に引っかかり、叢に足止めされ先に進めなくなってしまった羊に似ている。それと同じように、仮にこしらえた幻の城を、本来行き着くべき立派な城と誤認して、そこで一息つく愚かな人々。枯れかけた黄色の柳の葉を価値ある黄金と思わされ、ごまかされてしまう幼児。このような愚か者たちがどうしてガンジス河の砂粒のように数多くの価値に飾られた自身の中に潜むすばらしい長所に気づき、それを宝として保つことができるだろうか。極上の味のする醍醐を捨て、ありきたりの牛乳を飲みたいと思い、貴重な摩尼宝珠《まにほうしゅ》に見向きもせず、お粗末な魚の目玉を拾う人、このような仏に成る種をなくしてしまった人、不治の病にかかってしまった人に対しては、どれほどの名医でも手をこまぬいて匙を投げださざるをえない。このような人は、たまたま干天で慈雨に恵まれても少しも役に立たない。

とはいえ仏教の真実を求め、心の平安を願う人たちが、すばらしい香りを放つ密教の存在に気づき、それに眼を向けるならば、中国古代に人々の身心の病を的確に突き止め治したと伝えられる秦鏡《しんけい》のように、心が癒され、偽物と本物、つまり顕教と密教の違いがはっきり見分けられるようになり、その間にある凍てついていた疑念も忽ちのうちに氷解してしまう。このことを裏付ける証拠となる経典や論書はたくさんあるが、ここではほんの少しばかりのものを示すにとどめる。小論ではあるが、後の世に道を求める人たちの役に立ってほしい。

【読み下し文】

縦使《たとい》、顕網《けんもう》に触《つ》いて（以て）羝籓《ていはん》し、権関《ごんかん》に擁《ふさ》がれて（以て）税駕《せいか》す。所謂化城《けじょう》に息《やす》む賓《ひん》、楊葉《ようよう》を愛する児《に》、何ぞ能く無尽荘厳恒沙《しょうごんごうじゃ》の己有《こう》を#保つことを得ん。醍醐を弃《す》てて牛乳《ごにゅう》を覓《もと》め、摩尼《まに》を擲《なげう》って（以て）魚珠《ぎょしゅ》を拾うが如くに至っては寂種《じゃくしゅ》の人《にん》、膏肓《こうこう》の病、医王手を拱《たんだ》き、甘雨何の益かあらん。若し善男善女有って一たび斯《こ》の芸《かお》りを齅《か》がば、秦鏡《しんけい》心を照らし、権実《ごんじつ》氷り解けなん。所有《しょう》の明証《めいしょう》　経論に至って多しと雖も、且《しばら》く一隅を示す。庶《こいねがわ》くは童幼《とうよう》を裨《おぎな》うこと有らん。

#　【定弘】（三・七六）は「保」に「ホシイママニスルコトヲ」と送り仮名。

【用語釈】

「羝篝《はん》」　羝《ひつじ》が篝《しげみ》に入り込んで、角を絡ませ、身動きができぬありさま。

「権関」　権《かり》の関所、立派ではないが、足止めされる場所、つまり顕教のこと。

「税駕」　駕籠を下ろして休息する。

「化城に息む賓」　もともと目標とする城（法華一乗の教え）に到達しえず、仮にこしらえられた幻の城（声聞・縁覚など二乗の教え）で休む客人（『法華経』第三巻、化城喩品第七【大正】九・二五下）。

「楊葉を愛する児」　泣く子に柳の枯れ葉を見せて、黄金と思わせる（『涅槃経』第二〇巻、嬰児行品第九【大正】一二・四八五下）。

「無尽荘厳」　密教の観点から見ると、万物がすべて隠れた価値をもち、限りなく荘厳されている状態。

「己有」　己《おのれ》自身がもともと所有する価値（密教を指す）。

「醍醐」　牛乳を熟成させた最終段階の美味。

「摩尼」　摩尼宝珠、あらゆる願いをかなえる不思議な宝の珠。

「寂種」 仏に成る種子を亡くした人。寂とは滅の意味。

「膏肓」 膏は心臓の下にある脂、肓は上にある薄い膜、この間に空間があって、そこに病が入れば、治療の方法がないとされる(『左伝成公』上巻)。【頼瑜】(一七上)、【宥快】(一六九下)。

「拱手」 手を拱《たんだ》く。両手を前に組み、何もしないこと。

「秦鏡」 秦の始皇帝が持つ身心の病を癒す不思議な鏡。ここでは密教を指す。

「童幼」 幼い子供とは、真理に対して無知な凡夫をいう。

3 撰述の目的

【現代表現】

次のような疑問が提出される。「古来、仏法を伝え、弘めようと志す方々は幅広く論書や注釈書を造られ、六宗を開き、三蔵を弘め、仏法を明らかにされてきました。その書物の巻軸は広い家に満ちあふれ、人がその論書を広げたり巻きもどししたりするに疲れ果てるほどです。それにもかかわらず何故このような論書をさらに著そうとされるのですか。それにどのような効能があるのでしょうか」と。
答える。「まだまだ知ってもらいたいことがたくさん残っている。だからまだ書く。そのわけは今まで先輩の方々が伝えられた仏の教えは、顕教である。だが私が伝えようとしているのは、今まで知られていなかった密教である。それについてはまだ人々はほとんど知らないでいる。だから今まで人々に知られていない密教の経典とか論書を取り挙げ、広く紹介するために私は書物に仕上げようと思っているのだ」と。

【読み下し文】

問うて曰く。「古《いにしえ》の伝法者広く論章を造って六宗を唱敷《しょうふ》し、三蔵を開演す。軸広廈《じくこうか》に剰《あま》り、人巻舒《ひとけんしょ》に僵《たう》る。何ぞ労《わずら》わしく斯の篇を綴る。利益《りやく》如何ん。」
答《と》う。「多く発揮すること有り。所以《このゆえ》に纂《つ》くるべし。先匠《せんしょう》の伝うる所は皆是れ顕教なり。此れは是れ密蔵なり。人《ひと》未だ多く解《さと》らず、是の故に経論を弋釣《よくちょう》して合して一つの手鏡《しゅけい》と為《す》。」

【用語釈】

「六宗」　諸説あるが、倶舎・成実・法相・三論・天台・華厳の六宗を指すとみる。

「三蔵」　経・律・論それぞれの蔵をまとめて三蔵という。

「広厦」　広い家。

「弋釣」　弋は縄を矢にかけて鳥を射ること。釣は魚を釣ること。合わせて何らかの思想をとらえることをいう。

Ⅱ　本論

1　顕と密の違い

【要旨】

顕教と密教の違う点の第一番目は、説法をする仏の身体の違い、すなわち仏身の相違である。顕教では説く相手の宗教的な素質の違いによって受用身《じゅゆうじん》とか応化身《おうげしん》をもって説き、密教では絶対の真理そのものである法身《ほっしん》が対象を選ばずに説く。その違いについて説明する。


【現代表現】

問う。「今まで数多くの仏教の経典や論書があるにもかかわらず、あなたはさらに新しく書物を著し、屋上にさらに屋を重ねようとしています。その必要があるのでしょうか。そもそも従来の仏教の教えと、あなたが今紹介しようとする密教とは、いったいどういう違いがあるのか、それが知りたいのです。」

答える。「まず教えをお説きになる仏の性格が違う。真理を目指して修行を積み、覚りを得た仏が場所と時期を選び、人々に説法するけれども姿を見せない、つまり他受用《たじゅゆう》身《じん》となって説く教え、また釈尊や祖師のように具体的な身体つまり応化身《おうげしん》となって説く教え、これらの教えは説く相手の宗教的な素養に応じ内容を変えて説かれる教えで、これを顕教という。

それに対して真理を体得して、自分だけで味わい楽しんでいた自受用法身《じじゅゆうほっしん》の仏が、その覚りの境地を直接お説きになったのが密教である。」

【読み下し文】

問う。「顕密二教、其の別《べつ》如何《いかん》。」

答《と》う。「他受用《たじゅゆう》と応化身《おうげしん》との随機《ずいき》の説、之れを顕と謂う。自受用法性仏《じじゅゆうほっしょうぶつ》の内証智《ないしょうち》の境を説きたまう、是れを秘と名づく。」

【用語釈】
「随機の説」　聞く者それぞれの宗教的な素養に適合した教え。

2　法身説法の証拠

イ　法身説法の証拠を問う

【要旨】
一般の仏教では、その教えを説く仏は、釈尊とか阿弥陀仏とか、観音菩薩とか、具体的でイメージしやすい。ところが密教を説く仏は、真理そのものを仏と見なしているため、姿も色もなく現実の仏として理解しにくい。そこで法身についていったいどのような経典とか論書に説かれているのかという疑問が提出されて、その答えが求められる。

【現代表現】
問う。「応身ないし化身といった具体的な姿をとった仏が説法するということは、仏教のどのような宗派でも等しく認めているところです。だがあなたがいわれる密教の法身は、色もなく、形もない。言葉で説明しようにもその方法がなく、これを考えようとしても、どこに心を向けたらいいのか見当もつかない。どのように説明していいか分からず、示すこともできません。どのような経典でも、法身に説法はないと説き、いかなる論書もそう述べています。それにもかかわらず、今あなたは法身が説法すると主張される。その証拠を見たいのです。」

答える。「いろいろな経典や論書に、法身の説法は説かれている。とはいえ文章というものは、それを読む人の見識いかんによって、真実の意味は隠れてしまって、内容の理解もその人の宗教的な素養によって違ってくる。たとえば同じものを見ても、天人と鬼とではまったく違ったものに見え、同じ暗夜でも、賢い鳥はそこに光明を見るが、凡夫はただの暗黒を見るような相違がある。そこのところを心得てほしい。」

【読み下し文】

問う。「応化身《おうげしん》の説法は諸宗共に許す。彼の法身の如きは、色も無く、像も無く、言語道断し、心行処滅して、説も無く、示も無し。諸経共に斯の義を説き、諸論亦是《かく》の如く談ず。如今何《いまいか》んが爾《なんじ》法身の説法を談ずる。其の証安《いず》くにか在《あ》る乎《や》。」

答《と》う。「諸経論の中に往々に斯《こ》の義有り。然りと雖も、文は執見《しっけん》に随って隠れ、義は機根《きこん》を逐《お》って現わるまくのみ。譬《たと》えば天鬼の見別《けんべつ》、人鳥の明暗の如し。」

【用語釈】

「天鬼の見別」『摂大乗論』下巻（【大正】三一・一二八下）、あるいは『大日経疏』（【大正】三九・五八八上）等に説く「一水四見の喩え」。

「人鳥の明暗」『釈論』第四巻（【大正】三二・六二三下）に、六種の無明を説く中の倶是の無明を説く箇所に出る喩え。同じ暗闇に出会っても、賢い鳥はそれを清浄光明と見、人はたんなる暗黒と見る。

【現代表現】

ロ　何故今まで説かれなかったか

①問う。「もしあなたがいうことに間違いがなければ、いろいろな教えの中で法身の説法についても説かれているはずです。どうしてこれまで伝法者がそのことについて語らなかったのでしょうか。」

答える。「如来の説法は医師と患者との関係とよく似ている。医師は患者の病気に適合した薬を調剤する。それと同じく如来も聞き手の宗教的な素養がそれぞれ違っているから、各人に説く内容も別々なのである。」

【読み下し文】

①問う。「若し汝が説の如きは諸教の中に斯《こ》の義有り。若し是《かく》の如くならば何が故に前来の伝法者、斯の義を談ぜざる。」

答う。「如来の説法は病に応じて薬を投ぐ。根機《こんぎ》万差《まんじゃ》なれば針灸《しんきゅう》千殊《せんしゅ》なり。」

【現代表現】

②「説く相手の宗教的な素養に合わせた教えは、仮のものが多く、法身の説法のよ

うに真実に直接言及したものは極めて少ない。菩薩が論をお造りになる場合は、経典の内容に添う解釈に限られ、あえて異説を唱えないのが通例である。そのため天親《てんじん》の『十地経論《じゅうじきょうろん》』には、「現実世界のことに関しては説くことも可能である」との説を掲げ、竜猛《りゅうみょう》の『釈摩訶衍論』には、「覚りの世界のことに関しては説くことができない」と述べられている。このような説は、相手に応じて説く仮の教えであって、究極の教えとはいえない。」

【読み下し文】

②「随機《ずいき》の説は権は多く、実は少なし。菩薩、論を造ること経に随って義を演《の》べて敢えて違越《いおつ》せず。是の故に天親《てんじん》の十地には因分可説《いんぶんかせつ》の談を馳せ、竜猛《りゅうみょう》の釈論には円海不《えんかいふ》談《だん》の説を挟《さしはさ》む。斯れ則ち経に随って詞《ことば》を興す。究竟《くきょう》の唱えに非ず。」

【用語釈】

「天親」 サンスクリット名はVasubandhū, 旧訳で天親、新訳では世親。

「因分」　因は現実、その反対の「果」は真実、「分」はそれぞれの世界。

「竜猛」　真言密教の伝持の初祖、大乗仏教の学僧の竜樹（Nāgārjuna）と同一人物とされる。『釈摩訶衍論』の著者とも目されている。

「円海」　穏やかな真ん丸い海で、法身の覚りの境地の平穏な状態を譬える。

【現代表現】

③「とはいえ顕教をお説きになる学匠の方々は、法身説法の深い意味についてご存じになっていても、それについては触れずに後世に残し、それを今説くことがぜひ必要だとは思われなかった。これをお説きになる師匠の方々は、こういった浅い考え方に固執して口を閉ざし、心の中に留め置いたため、それを受け継いだ弟子たちはそれぞれの学派の伝統に随い、その枠内で議論を重ねていたわけである。つまり自分の方に都合のよい鉾ばかり争って手に入れようとして、自説に逆らうような剣を求めようとする心のゆとりがなかったということである。」

【読み下し文】

③「然りと雖も顕を伝うる法将は深義《じんぎ》を会《え》して浅《せん》に従え、秘旨《ひし》を遺《のこ》して未だ思わず。師《し》師《し》服膺して口に随って心に蘊《つつ》み、弟弟《ていてい》積習《しゃくじゅう》して宗《しゅう》に随って談を成す。我《われ》を益《えき》する鉾《ほこ》を争い募って未だ己を損する剣《つるぎ》を訪《とぶ》らうに遑《いとま》あらず。」

【現代表現】

④「こういった理由だけではなく、歴史的に見ても、仏教はインドから遠く離れた東にある中国に伝えられ、初めはそれほどではなかったが、次第に広まってゆき、後漢の明帝から唐の中宗の頃までの間に伝えられ、翻訳された経典はどれも顕教であった。それでも唐の玄宗と代宗の時に金剛智《こんごうち》三蔵《さんぞう》や不空《ふくう》三蔵が来唐せられた時期には、密教が隆盛期を迎え、ようやく仏教の中でも秘密の教えが議論の中に取り上げられるようになった。それでも当時まだ新しくもたらされた密教は開教の歴史が浅く、現実には顕教の考えがまだかなり残って力を保っていた。

　このような時代であったから、『楞伽経《りょうがきょう》』には〈法身が説法する〉という文があり、

『智度論《ちどろん》』には、〈法身は具体的な人格を具えている〉とも述べられている。それにもかかわらず、顕教の学匠たちはそれらを自分の方に都合のよい解釈で理解し、法身の説法を無視して、自己の学派の固定的な思想で処理してしまっていた。せっかくの密教のすばらしい内容を少しも味わえないこのような頑固な考え方は本当に残念としか言いようがない。」

【読み下し文】

④「加以《しかのみならず》釈教東夏《とうか》に漸《いたっ》て、微《み》より著《ちょ》に至る。漢明《かんめい》を始めと為周天《ししゅうてん》を後《のち》と為《し》て、其の中間《ちゅうげん》に翻伝する所は皆是れ顕教なり。玄宗・代宗の時、金智《こんち》・広智《こうち》の日、密教欝《さか》りに起って盛りに秘趣を談ず。新薬日浅うして旧痾《くち》未だ除かず。楞伽《りょうが》、法仏説法の文、智度、性身《しょうしん》妙色の句の如くに至っては、胸臆《くおく》に馳せて文《もん》を会し、自宗に駆《か》って義を取る。惜しいかな古賢、醍醐を嘗めるざることを。」

【用語釈】

「釈経」　釈尊の教え、すなわち仏教。

「東夏」　中国最古の王朝名を夏ということからそれが中国の代表名となる。中国はインドの東にあることから東を付した。

「漢明」　後漢の明帝の永平年間に公に仏教が渡来した。

「周天」　周の則天武后。その天寿元年に国号を周と改めた。

「金智」　金剛智の略称。

「広智」　大広智三蔵、代宗皇帝より不空三蔵が賜った称号。

八　典拠の問答

【現代表現】

問う。「あなたの言われることに間違いなければ、どのような経典とか論書に、顕教と密教との違いが説かれているのですか。」

答える。「『金剛頂瑜伽《こんごうちょうゆが》金剛薩埵《こんごうさった》五秘密《ごひみつ》修行《しゅぎょう》念誦《ねんじゅ》儀軌《ぎき》』（略称『五秘密軌』、【大正】二〇巻、一一二五番）、『金剛峯《こんごぶ》楼閣《ろうかく》一切《いっさい》瑜伽《ゆが》瑜祇経《ゆぎきょう》』（略称『喩祇経』、【大正】一八巻、八六七番）、『略述金剛頂瑜伽分別《ふんべつ》聖位《しょうい》修証《しゅしょう》法門《ほうもん》』（略称『分別聖位経』、【大正】一八巻、八七〇番）、『大毘盧遮那《だいびるしゃな》成仏《じょうぶつ》神変《じんぺん》加持経《かじきょう》』（通称『大日経』、【大正】一八巻、八四八番）、『楞伽《りょうが》阿跋多羅宝経《あばたらほうきょう》』（略称『楞伽経』、【大正】一六巻、六七〇番）、『金剛頂一切如来真実《しんじつ》摂大《しょうだい》乗現証大教王経《じょうげんしょうだいきょうおうぎょう》』（通称『初会《しょえ》の金剛頂経』、【大正】一八巻、八六五番）、『金剛頂瑜《こんごうちょうゆ》伽中発阿耨多羅三藐三菩提心論《がちゅうほつあのくたらさんみゃくさんぼだいしんろん》』（略称『菩提心論』、【大正】三二巻、一六六五番）、『大《だい》智度論《ちどろん》』（【大正】二五巻、一五〇九番）、『釈摩訶衍論《しゃくまかえんろん》』（【大正】三二巻、一六六八番）である。

これらの経典や論書の中に、顕教と密教との浅深を選び分けて説いている。

問う。「どうかその証拠を聞かせていただきたい。」

答える。「よろしい。私はあなたのために、太陽を呼び寄せてあなたの暗闇に纏われたような疑念を晴らし、金剛杵《こんごうしょ》を揮ってあなたの疑念を砕きましょう。」

質問者はいう。「はいはい、謹んで承ります。」

【読み下し文】

問う。「義若し是《かく》の如くならば、何等の経論にか顕密の差別《しゃべつ》を説く。」

答えて曰く。「五秘・金峯《こんぷ》・聖位経《しょういきょう》・遮那《しゃな》・楞伽《りょうが》・教王《きょうおう》等、菩提《ぼだい》・智度《ちど》・摩訶衍《まかえん》、是《かく》の如くの経論に簡択《けんじゃく》して説けり。」

問者《もんじゃ》の曰《いわ》く。「請う。其の証を聞かん。」

答えて曰く。「然《しか》なり。我れ当に汝が為に日輪《にちりん》を飛ばして暗《あん》を破し、金剛を揮って（以て）迷《めい》を摧《くだ》かん。」

問者の曰く。「唯唯《いい》として聞かんと欲《おも》う。」

3 『釈論』による五重の問答

イ 本覚に対する疑問の提示

【要旨】

生きとし生ける者は誰でも、生れつき持っている成仏する素質、すなわち「本覚」を具えている。それにもかかわらず、人により成仏に遅速があり、怠け者もいるが、修道に熱心な者もいる。本覚に差があるのではないかという問いと答え。

【現代表現】

（問い）竜猛の作といわれている『釈摩訶衍論』第五巻（【大正】三二・六三七中下）に、「〈生きとし生ける者は、はるか大昔より現在まで、誰もが生まれる以前から本来的に持っている覚りの素質、つまり本覚《ほんがく》を具えていて、少しの間もそれを失うことはないと説かれています。それにもかかわらず何故、先に成仏する者がいたり、遅れて成仏する者がいたり、今ここで成仏する者がいたりするのでしょうか。それだけではなく行に熱中する者もおれば、行を怠る者もいる。あるいは聡明な者もおれば、愚鈍な者もいて、千差万別です。

もし皆が皆、同じように本覚を生まれながらに具え持っているならば、だれかれなしに皆が同時に菩提心を発《おこ》し、修行して同じように至上の覚りの境地に到達するはずです。だが事実そうではありません。その理由として、

①生まれながら本来具え持つとされる仏となる素質に、強い弱いの差があるためなの

でしょうか。それとも、
②各人が持つ宗教的な迷いや煩悩に厚い薄いの差があるためなのでしょうか。
もし①ならば、それは考え違いではありませんか。何故かというならば本来生まれながら具えている仏となる素質として、誰もがガンジス川の沙の数もはるかに及ばぬ諸々の功徳を平等に持っていて、強いか弱いかの差がないからです。
もし②ならば、それも間違っています。何故かというならば、宗教的な迷いや煩悩の差があるとすれば、煩悩の薄い人は仏に成る前に、無明を無くしてしまうことになり、覚りに向かって修行する最終段階である一地において瞬間的に無明をなくして成仏するというすでに決まっている教理が成り立たなくなるからです。〉
〈答え〉〈このような人による成仏の差というものは、無明そのものに変わりがないが、それぞれの人の無明の表れ方に差があり、その差を持ち続けるためで、人が本来的に具えた不二摩訶衍《ふにまかえん》の真理には関わりのないことである。〉

【読み下し文】

竜猛《りゅうみょう》菩薩の『釈大衍論《しゃくだいえんろん》』に云《いわ》く。

「〈一切衆生、無始《むし》より来《このか》た、皆、本覚《ほんがく》有って捨離する時《じ》無し。何が故にか衆生先に成仏する有り、後に成仏する有り、今成仏する有り、亦勤行有り、亦不行有り、亦聡明有り、亦暗鈍《あんどん》有って無量に差別《しゃべつ》なる。同じく一覚有らば皆、悉く一時に発心修行して、無上道に到るべし。

本覚の仏性強劣《ごうれつ》別の故に。是《かく》の如く差別なるか。無明煩悩厚薄別の故に。是の如く差別なるか。若し初めの如く言わば、此の事則ち爾《しか》らず。所以何《ゆえいか》んとならば、本覚の仏性は過恒沙《かごうしゃ》の諸の功徳を円《まど》んじて増減無きが故に。若し後《のち》の如く言わば、此の事亦爾らず。所以何んとならば一地断《いちじだん》の義成立《じょうりゅう》せざるが故に。〉

〈是の如くの種種無量の差別は皆無明に依って住持することを得。至理《しいり》の中に於いて関《あず》かること無しまくのみ。〉

【用語釈】

「釈大衍論」『釈摩訶衍論』のこと。

「本覚」　生まれつき具え持つ仏としての素質。大乗仏教の如来蔵思想の基本的な考え方であって、『釈摩訶衍論』の主題でもある。

「無上道」　覚りの境地を指す。

「過恒沙」　恒沙はガンジス川の砂粒、無限の量を表す言葉で、それをはるかに超えた天文学的な分量を表す。

「一地断」　根本無明は覚りに向かう修行の第十一地において断ち切られるという説。根本無明はもともと実体が存在しない。ただ存在すると妄想しているに過ぎない。そのためそれに厚薄の差別ありという考えはそもそも成り立たないことになる。

「至理」　至極の真理。不二摩訶衍とされる。

ロ　五重《ごじゅう》の問答

【要旨】

生きとし生ける者はすべて生まれつき仏となる素質（本覚）を具えている。これらの者がそれぞれ到達する覚りの段階について、以下に五種の問答が繰り広げられる。伝統教学では五重の問答という。

五重の問答の中、前半の四問答を四家大乗《しけだいじょう》（法相・三論・天台・華厳）に、最後の問答を真言にと、各々の究極の境地に配当しようとする考えも、明治以前の注釈書（【頼瑜】三二上、【宥快】二二四下）、あるいは近代の伝統教学（【小田】五五三、【那須】八一）には見出され、それが祖師の意図であるように叙述されているが、『二教論』の本文には記されてはいない。既成の仏教界に、新しく請来した密教を引っ提げてデビューして間もない著者が『二教論』の中に、直接的に宗派名を掲げて他宗を刺激することをことさら避けたと考えられる。

(1) 菩薩の修行段階を修し終えた者の境地

【現代表現】

〈問い〉〈もしそうであればあらゆる行者が、すべての悪い行いをやめ、すべての善い行いをなし、菩薩の修行段階の十地を超えて、仏の境地に到達し、仏の法・応・化の三種の身体を身につけ、常・楽・我・浄の四種の功徳を具えることになれば、このような

行者は明つまり覚りの段階にすでに達しているのでしょうか。それとも無明つまり迷いの段階にまだ留まっているのでしょうか。〉
（答え）〈それでもまだ迷いの段階である。〉

【読み下し文】

〈若し是の如くならば一切の行者、一切の悪を断じ一切の善を修し、十地を超え、無上地に到り、三身《さんじん》を円満し、四徳を具足す。是《かく》の如くの行者は明《みょう》とや為《せ》ん。無明か。〉

〈是の如くの行者は無明の分位《ぶんに》にして明の分位に非ず。〉


【用語釈】

「十地」　菩薩の修行段階に五十二位あるうちの最終段階の四十一位から五十位までを十地という。

「四徳」　仏教では現世は（諸行）無常、（一切皆）苦、（諸法）無我、（一切）不浄を説き、それらの状態を正しく見極め、超越することを、四徳（常・楽・我・浄）と名づけ、覚りへの道に通ずと説く。

(2) 一切の対立概念を否定した清浄本覚の境地

【現代表現】

(問い)〈もしそうならば、生まれながらに具わっている清浄な覚りの境地である本覚は、はるか大昔から存在しているもので、修行によって手に入るものではなく、他者の力によって得られるものでもなく、もともと具わっている円かな徳そのもので、本来的な覚りの智慧に他なりません。このような境地は有とか空とか亦有亦空《やくうやくくう》とか非有非空《ひうひくう》といった通常の判断基準によって決める尺度を超えていて、それだけではなく非非有、非非空といった判断基準も当てはめられません。このような境地は自然という言葉でもってしても、その中に非自然を含む対立概念であるから適切だとは思われず、清浄な心といっても、清浄ではないという思いを、その言葉の中に知らないうちに意識しているから適当な表現ではありません。つまり本覚とは言葉による表現を完全に逸脱しています。このような本来的な心の状態は明といってよいのでしょうか、それともまだ無明の状態

でしょうか。〉
（答え）〈このような本来的な心の状態は、まだ無明の状態であって、明の境地ではない。〉

【読み下し文】

〈若し爾《しか》らば、清浄本覚《しょうじょうほんがく》は無始より来《このか》た修行を観《ま》たず。他力を得るに非ず。性徳《しょうどく》円満し、本智《ほんち》具足せり。亦四句を出で、亦五辺を離れたり。自然《じねん》の言《ごん》も自然なること能わず。清浄《しょうじょう》の心《しん》も清浄なること能わず。絶離《ぜつり》絶離せり。是の如くの本処《ほんじょ》は明とや為ん。無明か。〉
〈是の如くの本処は無明の辺域《へんいき》にして、明の分位に非ず。〉

【用語釈】

「清浄本覚」　生きとし生ける者はことごとく本来的に仏となる素質を持ち，この生まれながらに具え持つ仏性を清浄本覚と『釈摩訶衍論』は名づける。

「四句」　ものごとの正邪を判定するために設けた、①有か。②無か。③有でもあり無でもあるか。④有でもなく無でもないか、といった認識の四種の判断基準。

「五辺」　前述の四句に、有でないことでもない、無でないことでもないという一基準をさらに加える。

「絶離絶離」　通常の判断基準をはるかに超越した状態。

（3）否定と肯定を重ねても表現しえない一心法界

【現代表現】

（問い）〈もしそうならば、一法界心という真理の世界は、それを表現するのに、百回の否定でもまだ足りず、千回肯定しても、それでよしということにはならない。といってもそれらの中間でもない。中間でもないとすれば、第一義諦《だいいちぎたい》つまり絶対の真理という天にも背くことになる。その第一義諦天でもないからには、流水の弁のような流暢さでも足止めに出会い、どれほど深い熟慮であっても手を拱いてしまう。どうしてもこの境地を表現することは不可能である。このような一心は明の位に到達しているのでしょう

か。それともまだ無明の段階にとどまっているのでしょうか。〉
（答え）〈それでも無明の段階で、明の段階に達しているわけではない。〉

【読み下し文】

〈若し爾らば、一法界心《いっぽっかいしん》は百非《ひゃっぴ》に非ず。千是《せんぜ》を背けり。中《ちゅう》に非ず。中に非ざれば、天を背き、天を背きぬれば、演水《えんすい》の談《だん》、足《あし》断って止まり、審慮《しんりょ》の量、手《て》亡じて住す。是の如くの一心は明とや為ん。無明か。〉

〈是の如くの一心は無明の辺域にして、明の分位に非ず。〉


【用語釈】

「一法界心」『釈摩訶衍論』は絶対の真理をいう不二摩訶衍を、真如門《しんにょもん》と生滅門《しょうめつもん》に二分する。五重問答の第一問と第二問は行者の立場からの真理を見る境地を論じたが、第三問と第四問は真如の立場からの境地である。これがさらに真如門においての覚りと、生滅門においての覚りに分かれ、前者が第四問に相当し、純白法界心《じゅんぱくほうかいしん》とされ、後者が第三問の一法界心に相当し、無尽法界心《むじんほうかいしん》ともいわれる。

（4）三自一心摩訶衍の境地

【現代表現】

（問い）〈先の第三重において述べた三自一心摩訶衍《さんじいっしんまかえん》（自の体相用の三を絶対の心とする摩訶衍）という覚りの状態は、言葉で表すことがどうしてもできない境地であって、一心の一という言葉も、これでなければならぬという一ではなく、ものを考察する場合に措定する一という言葉を借りて強いて表現したものであり、三自の自すなわち我れといっても、本当は我れではなく、いちおうのところ我れといっているだけです。同じく、自というと無理があるけれども、とりあえず自といっただけに過ぎません。我れという名を立てていても、本来の我れではなく、自とは称しているが、真の自ではありません。このような表現は仮であっても、とても深遠な意味を持っていて、おいそれと表現することはできません。これほどの優れた境地であるので、これを明とみなしてよいのではありませんか。それともまだ無明の分際でしょうか。〉

（答え）〈優れた境地ではあるが、無明の段階にとどまりまだ明の境地ではない。〉

【読み下し文】

〈三自一心摩訶衍《さんじいっしんまかえん》の法は一《いつ》も一なること能わず。能入《のうにゅう》の一を仮る。心《しん》も心なること能わず。能入の心を仮る。実に我《が》の名に非ざれども、我に目《な》づく。亦自の唱《とな》えに非ざれども自に契《かな》えり。我の如く名を立つれども実の我に非ず。自の如く唱えを得《う》れども実の自に非ず。玄玄《げんげん》として又玄なり。遠遠《おんおん》として又遠なり。是の如くの勝処は明とや為ん。無明か。〉

〈是の如くの勝処は無明の辺域にして明の分位に非ず。〉

【用語釈】

「三自一心摩訶衍」　生滅門より入った覚りそのもので、この覚体は体相用三大の功徳を円満する絶対の真理。

（5）不二摩訶衍の境地

【現代表現】

（問い）〈不二摩訶衍という真理だけは別格であって、表現のしようがなく、ただ不二摩訶衍というしかない。このような不二摩訶衍という真理は明というべきでしょうか。それとも無明なのでしょうか。〉」（答えは無し。言葉を失う）。

以上の問答について、私（空海）がさらに言葉を加える。この五重の問答には甚だ深い意味がある。その内容をよくよく吟味し尽くして、最終的な真理に到達すべきである。その内容の一つ一つの奥深い意味については、筆をもって言い表すことはとうていできない。よくよく慎重に吟味して深く考えてみるがよい。

【読み下し文】

〈不二摩訶衍の法は唯だ是れ不二摩訶衍の法なり。是の如くの不二摩訶衍の法は明とや為ん。無明か。〉」

喩《ゆ》して曰く。已上《いじょう》の五重問答、甚だ深意有り。細心研覈《けんきゃく》して則ち能く極《ごく》に詣《いた》るべし。一一の深義《じんぎ》紙に染むること能わず。審《つまびらか》んじて之れを思え。

4 『釈論』に説かれる果海と因海

イ 果海と機根・教説

【要旨】

『釈摩訶衍論』に説かれる「不二摩訶衍」という絶対的な覚りの境地（果海）は、独尊つまり通常の社会で通用するあらゆる価値が問題とならぬ超越的な存在である。とはいえ通常社会とまったく隔絶した世界の提示というだけでは一般の人々の思考とは関係が途絶え、人々がそれから教示を得ることが不可能となる。そこで『釈摩訶衍論』では、不二摩訶衍を説くため、それをまず法と義の二つの面に分ける。法とは、一心ともいわれ、真理そのものを指す用語である。一方の義は真理を説明する分野で、さらに体・相・用に三分される。真理そのものである法と、それを説明する体・相・用とを合わせた四つの法は、それぞれ真如門《しんにょもん》（不動の真理の世界）と、生滅門《しょうめつもん》（生滅をくりかえす現実の世界）に分かれ、あわせて八種の教えとなる。もっとも真理を認識する主体（能入の法）を末法《まっぽう》、認識される客体（所入の法）を本法《ほんぽう》としてさらに区別し、合わせて十六の法となる。このうち所入の法のみを取り挙げ、八種の本法という。またこれら十六の教法を、熟達者のための前重《ぜんじゅう》と、未熟者のための後重《ごじゅう》にそれぞれ二分して三十二の法を立て、それに基本となる不二摩訶衍を加えて三十三の教法を提示する。

【現代表現】

さらにまた『釈摩訶衍論』第一巻（【大正】三二・六〇一下）には、次のように説かれている。

（問い）「〈絶対の真理ともいうべき不二摩訶衍については、どのように生まれたかとか、どのようにあるかといった因と果がなぜ存在しないのですか。〉

（答え）〈この不二摩訶衍の法は極めて奥深く妙なるもので、あらゆる価値を超越した、比べもののない存在で、各人の宗教的な素養（機根）に対応するような相対的な宗教概

念（法体）ではないからである。〉
（問い）〈それでそこではなぜ各人の宗教的な素養を問題としないのですか。〉
（答え）〈そもそも不二摩訶衍の世界には、それぞれの宗教的な素養に対応するといった相対的な考えかたがもともと存在しないからである。〉
（問い）〈では不二摩訶衍の世界に、それを取り入れる必要はないのですか。〉
（答え）〈不二摩訶衍という絶対の世界はあらゆる相対性を離れているので、必ずしもそれを必要としない。〉
（問い）〈この不二摩訶衍の世界を（真理の世界にいる）諸仏が観法を通じて自己の中に取り込むことが可能でしょうか。〉
（答え）〈（真理の世界の）諸仏に取り込まれることはなく、かえって不二摩訶衍の世界が（真理の世界の諸仏を）取り込んでいる。〉
（問い）〈それでは生滅の世界、つまり現世にいる諸仏は取り込むことができるのでしょうか。〉
（答え）〈もちろんそれは不可能である。菩薩や声聞・縁覚などの小乗の徒、すべての生きとし生ける者も同じである。不二摩訶衍の世界はあらゆる功徳を具えた大海のようになにものにも限定されぬ絶対的な存在であり、聞く人の宗教的な素養とか、それぞれの人に応じた教えといった相対性を離れているからである。〉

【読み下し文】

又曰く。「〈何が故にか不二摩訶衍の法は因縁無きや。〉〈是の法は極妙甚深《ごくみょうじんじん》にして独尊《どくそん》なり。機根を離れたるが故に。〉〈何が故に機を離れたる。〉〈機根無きが故に。〉〈何ぞ建立を須《もちい》る。〉〈建立に非ざるが故に。〉〈是の摩訶衍の法は諸仏に得《とく》せらるや。〉〈能く諸仏を得す。〉〈諸仏は得すや。〉〈不なるが故に。菩薩・二乗・一切異生も亦復た是くの如し。性徳《しょうどく》円満海《えんまんかい》是れなり。所以者何《ゆえいかん》となれば、機根を離れたるが故に。教説を離れたるが故に。〉

ロ　八種の本法《ほんぽう》と機根・教説

【要旨】

先に果海すなわち絶対の世界における素養と教えの問題を取り挙げ、ここでは因海すなわち現実の世界における同様の問題を取り上げる。

【現代表現】

（問い）〈八種の本法は現実世界においては、因縁より起こり、各人の宗教的な素養に従い、それぞれ異なった教えが用意されています。それではなぜ各人の宗教的な素質に応じなければならないですか。〉

（答え）〈宗教的な素養の異なる者が現実に存在するからである。〉

（問い）〈このような八種の本法は（真理の世界にいる）諸仏が観法を通じて自己の境地に取り込むことができるでしょうか。〉

（答え）〈諸仏が取り込むことはできる。〉

（問い）〈八種の本法の側が諸仏を取り込むことができましょうか。〉
（答え）〈それはできない。ましてや菩薩や声聞・縁覚などの二乗、さらには生きとし生ける者はみな同じである。現実の世界を映す八種の本法の世界は、修行という因を種として植えて、やっと覚りの世界に到達することができる広大な海にも喩えられる。だからその世界では、宗教的な素養に応じたさまざまな教えが必要となるのである。〉」

【読み下し文】

〈八種の本法《ほんぽう》は因縁より起こる。機に応ずるが故に。説に順ずるが故に。何が故にか機に応ずる。〉〈機根有るが故に。〉

〈是の如くの八種の法の諸仏は得《とく》せらるや。〉〈諸仏は得せらる。〉

〈諸仏を得すや。〉〈不なるが故に。菩薩・二乗・一切異生も亦復た是くの如し。修行種《しゅ》因海是れなり。所以何となれば、機根有るが故に。教説有るが故に。〉」

5　覚りの世界の諸仏と通常の世界の諸仏

【要旨】

『釈摩訶衍論』では、覚りの世界にいます仏も、迷いの現実世界にいる凡夫もどちらも真如門と生滅門に分かれる。凡夫も仏も一体であるが、不二摩訶衍の超越的な絶対の世界の諸仏と、真如門と生滅門の諸仏の相違を、『華厳経』によって説明する。

【現代表現】

『大乗起信論』の末尾の「回向頌」を釈した『釈摩訶衍論』第十巻（【大正】三二・六六八上）に説いている、

「諸仏甚深広大義とは、これは総じて前説を包摂する教えである。それは三十三種の根本の数の法をすべて取り込んでいるからである。

それではどのように法を取り込んでいるかといえば、ここでいう「諸仏」とは不二摩訶衍の境界にいます仏のことである。何故（甚深）かといえば、この不二摩訶衍の超絶した真理の世界は、真如の世界や生滅の世界にいます諸仏と比べると、その徳がはるかに優れているからである。『大本華厳経』（八十巻本）の中に、次のように述べられている。真ん丸く穏やかな大海のような、因と果を共に具えた徳を持つ、不二摩訶衍の世界にいます諸仏は最も優れている。真如の世界とか生滅の世界にいる諸仏はそのような因と果を共に具えた丸やかな境地にまだ達していないから劣っているということになる。

（問い）〈もしそういうことであれば、『大本華厳経』から分かれて流布した現行の『華厳経』（六十巻本）では、教主である盧舎那仏《るしゃなぶつ》は、仏（智正覚世間《ちしょうがくせけん》）と生きもの（衆生世間）と環境（器世間《きせけん》）の三種世間を身心とする世界にいらっしゃる。この三種世間はあらゆる存在を含め収めて残すところがない。また真如とか生滅の世界にいる諸仏の身心も同じくことごとく含め収めている、と説いているではないのですか。〉

（答え）〈盧舎那仏はそれら三種世間を含め収めておられるといっても、それは因分すなわち現実世界の仏に限られていて、果分すなわち覚りの世界の仏のことではないからである。だから間違ってはいない。〉」

最終的な意見として私（空海）が言葉をはさめば、いわゆる不二摩訶衍という真理の世界におられる諸仏とは、自性としての法身である。この自性法身を秘密蔵とも名づけ、また金剛頂大教王とも称している。大乗仏教の修行段階の最高位にいる等覚とか十地の菩薩たちさえも、それを見たり聞いたりすることができないので、秘密という称号も得ている。詳しいことは『金剛頂経』を参照してほしい。

【読み下し文】

又云く。「諸仏甚深広大義と者、即ち是れ通総摂前《つうそうしょうぜん》所説門なり。所謂通じて三十三種の本数の法を摂するが故に。

此の義云何。諸仏と言う者、即ち是れ不二摩訶衍の法なり。所以《ゆえ》者何《いかん》となれば、此の不二の法を彼の仏《ほとけ》に形《たく》らぶるに其の徳勝れたるが故に、大本《だいほん》華厳契経の中に是の如くの説を作す。其の円円海徳の諸仏は勝れたり。其の一切の仏は円円海を成就すること能わず。劣なるが故に。

〈若し爾《しか》らば何が故にか分流《ぶんる》華厳契経の中に是の如くの説を作す。盧舎那仏《るしゃなぶつ》は三種世間《さんじゅせけん》を其の身心《しんじん》と為《す》。三種世間に法を摂するに余無し。彼の仏の身心も亦復た摂せざる所有ること無し。〉

〈盧舎那仏は三世間を摂すと雖も摂《しょう》と不摂《ふしょう》との故に、是の故に過《とが》無し。〉」

喩《ゆ》して曰く。所謂不二摩訶衍及び円円海徳の諸仏と者、即ち是れ自性法身なり。是れを秘密蔵と名づけ、亦た金剛頂大教王と名づく。等覚・十地等も見聞《けんもん》すること能わず。秘密の号《な》を得。具には金剛頂経に説くが如し。

【用語釈】

「大本華厳契経」「分流華厳契経」　現行の『華厳経』は東晋の仏駄跋陀羅《ぶつだばだら》訳の「六十巻華厳経」（【大正】九・二七八番）と、唐の実叉難陀《じつしゃなんだ》訳の「八十巻華厳経」（【大正】一〇・二七九番）がある。この他に、宇宙法界をことごとく『華厳経』と見なす「大本華厳経」の存在が伝承として残されている。伝統説では、現存の「六十巻華厳経」は「大本華厳経」より分かれて流布したと考えられて、「分流華厳経」といわれる。

「盧舎那仏」　サンスクリット語の vairocana-buddha の漢音訳から頭の vai が脱落した形で、『華厳経』の教主。

「三種世間」　智正覚世間（仏の世界）、衆生世間（生きとし生ける者の世界）、器世間（いのちのない物の世界のこと）、『華厳経』に初出。

「等覚・十地」　大乗菩薩の修行段階に五十二位あるが、その中の四十一位から五十位までの段階を十地といい、その上に等覚と妙覚がある。

6　『華厳経疏』における果分不可説

【要旨】

以下に顕教の諸宗、ここでは華厳・天台・三論・法相のいわゆる四家大乗、並びに諸経典・論書において、覚りの世界（果分）は通常の言語や文字によって、その内容を表現することが不可能であると説く箇所を取り挙げて披露し、最後に密教ではそれが可能であるということについての論拠を示す。

【現代表現】

賢首《げんじゅ》大師・法蔵《ほうぞう》の著述である『華厳《けごん》五教章《ごきょうしょう》』（略称『五教章』、【大正】四五・四七七上）の第一巻に、次のように説かれている。「今まさに釈迦牟尼仏の姿をとった盧舎那仏が海印三昧《かいいんざんまい》という名のある、万象をあまねくそのままの姿で映し出す、穏やかな大海のような静寂な瞑想の境地に入ってお説きになった、すばらしい華厳の教えを披露すれば、十種に分類することができる。

その中の最初に、建立乗《こんりゅうじょう》という華厳の教えを樹立する由来を述べた部門がある。そこでこのすばらしい華厳の教えは、大乗仏教の他の教えとは異なった優れた教え（別教）と、他の教えとも共通する教え（同教）の二つの部門に分かれる。

他とは異なった優れた教えとは、永遠に変わることなく、奥深い覚りの境地であって、それを認識し、文字や言葉で表現することが不可能だという意味を持つ。何故かといえば、その境地とは認識活動とか言語表現が役立つ通常の教えとは次元がまったく異なっているからである。それは十種の特別な能力を具えた身体を持つ盧舎那仏が自ら体験した境地である。それ故に『十地経論』に〈迷いの世界（因分）は説くことができるが、覚りの境地（果分）は説くことができない〉と述べられているのはこのことである。

覚りの世界は説きえないと主張するけれども、それとは違った教えがもう一つあって、それは説きえぬ覚りの世界を、迷いの世界の因縁に応じて、それぞれにふさわしい形で解き明かすこともある。それは華厳の教えを修行中の普賢菩薩の境地でもって表している。」

【読み下し文】

『華厳五教』の第一の巻《まき》に云わく。「今将《まさ》に釈迦仏の海印三昧《かいいんざんまい》、一乗教義を聞かんとするに、略して十門を作《つく》る。

初めに建立《こんりゅうじょう》乗を明かさば、然も此の一乗教義の分斉《ぶんざい》を開いて二門と為。

一《ひと》つには別教、二つには同教。初めの中に亦二つ。一つには是れ性海果分《しょうかいかぶん》、是れ不《ふ》可説《かせつ》の義に当《あ》たる。何を以ての故に。教《きょう》と相応せざるが故に。即ち十仏の自境界《じきょうがい》なり。故に地論に因分可説、果分不可説と云うは是れなり。

二つには、是れ縁起因分《えんぎいんぶん》、即ち普賢の境界なり。」

【用語釈】

「五教章」　華厳宗の第三祖である法蔵の著作。仏教全体を小乗教、初教、終教、頓教、円教の五教に分けて、それぞれの優劣を述べ、華厳を円教一乗教と判定した論書。

「海印三昧」『華厳経』では、釈迦仏と同体とされる盧舎那仏が『華厳経』を説かれる時に入られた禅定（瞑想）の境地すなわち三昧《さんまい》の名で、穏やかな大海のように、あらゆる存在物をありのままに映し出す境地を意味している。

「一乗」成仏に到る唯一の乗り物の意味で、ここでは華厳の教えを意味する。

「十門」『華厳経』は十種の部門に分けて、その教えを説く。十章と同じ。

「別教」声聞、縁覚、菩薩、以上の三乗の教えとは別のそれより優れた教え。

「同教」三乗と共通する教え。

「性海果分」覚りの世界（果分）は、宇宙の本質が大海のように常に不変で、奥深いことに譬える。

「十仏」華厳の教えを実践中の仏の状態と、覚りを得た仏の状態を、それぞれ十種に分かち、十仏という。前者を行境《ぎょうきょう》の十仏、後者を解境《げきょう》の十仏という。

「地論」世親作『十地経論』のこと。『華厳経』の十地品を釈した書。

「因分」「果分」因分は迷いの世界にいる衆生の因縁に支配された世界、果分は覚った仏の絶対世界をいう。

【現代表現】

『五教章』の中巻の「十玄縁起無碍法門義《じゅうげんえんぎむげほうもんぎ》」（【大正】四五・五〇三上）に、『華厳経』の教えの総説として、次のような言葉で全体像が要約されている。「華厳の法界縁起の世界では、因と縁とが互いに関わり合い、あらゆる事象が永遠に自在に休みなく活動し続けている」と。今はその肝心な点を取り挙げ解説するが、この要約した内容はさらに二つの部分に分かれる。

その一は真理の世界（果分）に関する事項を明らかにした分野であるが、それは十仏（前の【用語釈】に取り上げた「解境の十仏」参照）の覚りの境地そのものである。

二つ目は、縁に従ってものごとが起こる現実世界において、華厳の（法界縁起の）教えを解き明かす分野であり、それはとりもなおさず前にも述べた修行中の普賢菩薩の境地でもある。

最初に示した覚りの世界では、あらゆる存在が円かに解け合い、一という個が一切という全体に異ならず、また全体そのものが個でもある。その状態を通常の言語や文字で表現することはできない。こういった境地を、『華厳経』では絶対世界の国土〈究竟果《くきょうか》分《ぶん》の国土海〉とか、十仏の得たあらゆる事象が完全に融合した覚りの境地〈十仏の自体《じたい》融義《ゆうぎ》〉などと述べている。このような境地については、『華厳経』に説かれる帝釈天宮《たいしゃくてんぐう》の天井に張り巡らせた網の目に付けた宝珠が無限に照らし合う喩えによっても、極めて微細《みさい》な一本の毛穴の中に、三千世界がすべて含まれるという喩えでも、語り尽くすことができない。このようなことが不可説という意味なのである。それはどうして不可説なのかといえば、『華厳経』の仏不思議品《ぶつふしぎぼん》などに、仏の覚りの不思議のありさまが説かれているという教えがあるけれども、それとも合致しないからである。こういったわけで『十地経論』に〈迷いに満ちた通常の世界については説くことができる〈因分可説〉が、覚りの世界については説くことができない〈果分不可説〉〉と述べられている内容とそのことが一致するのである。」

【読み下し文】

又中巻《ちゅうがん》の「十玄縁起無碍法門義《じゅうげんえんぎむげほうもんぎ》」に云く。「夫れ法界の縁起は乃《すなわ》ち自在無窮《じざいむぐう》なり。

今要門を以って略《りゃく》摂《しょう》して二つと為《す》。

一つには究竟果証《くきょうかしょう》の義を明かす。即ち十仏の自境界なり。

二には縁に随い、因に約して教義を辯ず。即ち普賢の境界なり。

初めの義とは、円融自在《えんにゅうじざい》にして一即一切、一切即一《いち》なり。其の状相《じょうそう》を説くべからず耳《まくのみ》。『華厳経』の中の究竟果分の国土海及び十仏の自体融義等の如きは即ち其の事《じ》なり。因陀羅《いんだら》及び微細《みさい》等を論ぜず。此れ不可説の義に当たれり。何を以ての故に、教《きょう》と相応せざるが故に。故に地論には因分可説、果分不可説と云うは、即ち其の義なり。」

【現代表現】

「問う。〈あなたの言われる通りならば、どうして『華厳経』の仏不思議品などの中に、仏の覚りの境地について説かれているのでしょうか。〉

答える。〈『華厳経』の諸品の中で、仏の覚りの境地に触れているのは、仏の覚りの世界と対照的な現実世界（因）を説明するために、仏の世界（果）が述べられているのであって、究極的な覚りの世界自体を明らかにしようとしているわけではない。つまり不思議法品等の記述は、現実の迷いの世界と同じ場面の中で説かれているので、あくまでも聖俗対比の一環だと心得ている。〉」

また同書の中巻に次のような問答がある。

「問う。〈先に述べられた、覚りの世界に関する記述は、通常の縁を離れた認識の及ばぬ世界の状況についてである。ただ迷いの世界について説く一場面として述べられているというならば、なぜ十信位の終わりの心の箇所で、成仏するという教えが示されているのか、そこが知りたいのです。〉

答える。〈ここで作仏つまり成仏すると説かれているのは、初めにこの世で教えを見聞する段階から修行が始まり、第二生において理解と行を修し終え、この修行階梯の終わりにあたる終心において、因位つまり迷いの境地を卒業した者が最終段階である第三生において、さらに究竟の自在にして円かに解け合った覚りの世界に到達する。もともと迷いの世界にあった体ではあるが、覚りの世界において仏となったのである。だがこうして因位を卒業した者だけがさらに修行を重ねた結果、覚りの境地に浸ることができる。つまり修行の過程は説明できるが、行者が味わっている覚りの境地は説くことができない〉」ということである。
以上のことに私（空海）の意見を付け加えると、かの『十地論』および『五教章』に説かれる「覚りの境地は説きえない」という文は、かの竜猛《りゅうみょう》菩薩の著された『釈摩訶衍論』が説く「不二摩訶衍の極めて丸やかな大海のような究極の覚りの境地は説くことができない」という記述と、別の文献であるとはいえ内容はぴったり符合している。要するに現実世界つまり因分は説くことができるというのは、顕教の説であり、覚りの世界つまり果性は（通常の言語では）説くことができないというのは、密教の説こうとする本筋である。こういうことがどうして知られるのかといえば、『金剛頂経』に詳しく説かれているから、関心を持つ者はそれを参照して詳しく検討して考慮してほしい。

【読み下し文】
「問う。〈義若し是《かく》の如くならば、何んか故にか経の中に乃ち仏不思議品《ぶつふしぎほん》等の果を説くや。〉
答《と》う。〈此の果の義は是れ縁に約して、形対《ぎょうたい》して因を成ぜんが為の故に、此の果を説く。究竟自在の果に據《よ》るに非ず。然る所以《ゆえん》は不思議法品等は、因位と同会《どうえ》にして説くが為の故に。知んぬ。形対す耳《まくのみ》。〉」

又云く。「問う。〈上《かみ》に果分は縁を離れて不可説の相なり。但し因分を論ずとは、何《な》んか故にか十信の終心《じゅうしん》に即ち作仏得果《さぶつとくか》の法を辯ずるや。〉

答う。〈今作仏と言う者、但し初め見聞より已去《いこ》、乃《いま》し第二生《だいにしょう》に至って即ち解行《げぎょう》を成じ、解行の終心に因位窮満《ぐうまん》する者、第三生《だいさんじょう》に於いて即ち彼の究竟自在円融の果を得るなり。此の因の体は果に依って成ずるに由《よ》るが故に。但し因位満ずる者、勝進《しょうじん》して即ち果海の中に没《もっ》す。是れ証の境界為《た》るが故に不可説なり耳《まくのみ》。〉」

喩《ゆ》して曰く。

『十地論』及び『五教（章）』の性海《しょうかい》不可説の文《もん》と、彼の竜猛菩薩《りゅうみょうぼさつ》の不二摩訶衍の円《えん》円性海《えんしょうかい》不可説の言《ごん》と、懸《はるか》かに会《かな》えり。所謂因分可説とは、顕教の分斉《ぶんざい》なり。果性《かしょう》不可説とは即ち是れ密蔵の本分なり。何を以てか然《し》か知るとならば、『金剛頂経』に分明《ふんみょう》に説くが故に、有智《うち》の者審《つまびら》かに之れを思え。

【用語釈】

「仏不思議品等」『華厳経』の中で、仏の不可思議に触れた覚りに関する記述は、如来十身相海品、如来随好光明功徳品、普賢行願品、如来出現品にも存在するので、等を加えている。

「見聞従り已去」華厳の説く三生成仏は最初の見聞位から、第二生に到り解行成満して第三生に入り、究竟自在円満の仏位に入り得て作仏すなわち成仏する。

7 天台の章疏における果分不可説

【要旨】

四家大乗の第二番目に天台宗を取り挙げる。天台大師・智顗《ちぎ》の撰になる『摩訶止観』(『天台止観』)を引いて、天台宗の教えの要点を示し、さらに経典の代表として『入楞伽経』を挙げて、『法華経』の教主について論じる。

イ『摩訶止観』の見解

【現代表現】

天台大師・智顗《ちぎ》の著作である『天台止観《てんだいしかん》』の第三巻（【大正】四六・二六下）に次のように説かれている。

「三諦《さんだい》つまり空《くう》と中《ちゅう》と仮《け》の三種の真理が、常に円やかに一つに融け合って存在しているという境地は、通常の認識作用の及ばぬ不可思議な領域である。とはいえこれら空・中・仮の三種の真理は、それぞれ決まった独自の性格を持つわけではない。けれどもそれを人々の機縁に応じて仮に説くとすれば、次の三種となる。

一つは相手の宗教的な能力に応じて説く方法をいう随情説《ずいじょうせつ》（随他意語《ずいたいご》）。

二つ目は説く相手の能力に応じながら、次第に自己の覚りの境地まで引き上げていく方法である随情智説《ずいじょうちせつ》（随自他意語《ずいじたいご》）。

三つ目は自己の覚りの境地をそのまま言葉にして説く方法である随智説《ずいちせつ》（随自意語《ずいじいご》）である。

これら三種のうち、随情説とは、牛乳についてまだ見たことがない人に対して、それを説明するのに、それは貝のようだとか、米粉のようだとか、雪のようだとか、鶴のようだとか、四種の色の喩えを引いて説明しても、四人はそれぞれが別々の色を思い浮かべてそれぞれにこだわり、争いが起こるようなものである。通常の愚かな人もこの譬えとよく似ている。彼らはこの三諦《さんだい》の本当の意味を知らないから、仏は真実を知らせる方便として、限りない慈悲の心でもって、それぞれの人にふさわしく、真理は有だとか、空だとか、有でもあり空でもあるとか、空でもなく有でもないとお説きになった。

それに対して各人はそれぞれが別々の理解を持つようになる。こういった具合であるから、凡夫それぞれは最終的には、世の中が無常ではなく浄、苦ではなく楽、無我ではなく大我、不浄ではなく浄といった仏教の本来の教えを見極めることができない。各人が空だとか有だとか、思い思いに意見を述べて相手を否定する。このことは牛乳の色を知らない者たちがそれぞれ自分の考えている色だけが正しいと主張しあっているようなものである。

このように私（智顗）以外にも真理を見るのに、正しい見方、世間一般の見方などさまざまな考えを主張する人がいて、おおよそのところを数えてみても、二十三の独自の見解がある。それぞれに相違があり、各人が違った思いを持ち、自分が正しく、他人が誤っていると思い込んでいる。このことは貴重な甘露水をせっかく飲んでも、命を失って若死にすることに似ている。

（二番目の随自他意語は『二教論』の論旨と関連しないので省略されている。）

三番目の随智説のいう三諦とは、菩薩の修行段階の中、十住位以上の段階において、中道だけが人々の見たり聞いたりする感覚を超えているとする三諦ではなく、真としての空も、俗としての仮もいずれもが感覚を超えた不可思議である。

だからこの中・空・有の一体化した三諦の境地は奥深く微妙で、ただ仏の智だけが把握することが可能であって、世俗にある者には示すことや、それを認識することはできない。もしそれができても聞く者を驚き怪しませるに過ぎない。この三諦の融合した境地は、心の中に潜んでいるわけでもなければ、外に存在するものでもない。といってもそれを把握するのに難しいとか、たやすいといった基準があるわけでもない。形をとっている、あるいは形をとらないということでもない。これはこの世の基準を超えていて、姿や形があるわけではない。百回否定を繰り返し否認しても表現しえず、いかなる論理的な思考も及ばない、ただ仏と仏との間だけが分かり合える境地で、どのような言葉でもってしても表現を超えていて、いかなる心の働きもまったく役には立たない。凡人の常識ではとうてい考え及ばない。あるいは中道の一といっても、空・仮・中の三といっても、いずれも世俗のはからいを超えている。声聞や縁覚でさえも理解できないのであるから、ましてや凡夫がいかにしようもない。前述の牛乳を見たことのある者と、それを見たことのない者の認識の相違の喩えのように、見た者がいくら言葉を費やして説明しても、見たことのない者にはどうしても分からないようなものである。以上のような考え方を随智説の三諦の相と名づける。これが随自意語である。」

以上の見解について私（空海）の意見を述べると、次のようになる。

要するに天台宗の教えの肝要は、空・仮・中の三種の真理についての教えであり、一念の心中に、三諦をことごとく観じ取ることを極めつきの妙境とみなしている。百回否定しても否認しきれないとか、四句をもってする否定の論理もまったく役に立たないとか、ただ仏と仏だけが意思を疎通し合える境地であるとか等々に至るまで、あれこれの宗派はこのような表現の不可能な絶対の境地をもって、それぞれ究極の境地としている。これが顕教の教えの根幹となる部分である。だが真言の立場からすれば、これらの教えは、まだまだ入門のごく初期の段階であって、とても究極の境地を表現したとはいえない。覚りを目指す者たちは、この点をよくよく考えてほしいものである。

【読み下し文】

『天台止観《てんだいしかん》』の第三の巻に云く。

「此の三諦《さんだい》の理は、不可思議にして決定《けつじょう》の性《しょう》無し。実に説くべからず。若し縁の為に説かば、三つの意《こころ》を出でず。一つには、随情説《ずいじょうせつ》〈即ち随他意語《ずいたいご》なり〉。二つには、随情智説《ずいじょうちせつ》〈即ち随自他意語《ずいじたいご》なり〉。三つには、随智説《ずいちせつ》〈即ち随自意語なり〉。云何《いかん》が随情説の三諦とならば、盲《もう》の乳《にゅう》を識《し》らざれば、為に貝《ばい》・粖《まつ》・雪《せつ》・鶴《かく》の四つの譬えを説くに、四盲、各各《かくかく》に解《げ》を作《な》して、執《しっ》して四つの諍《あらそ》いを起すが如く、凡情《ぼんじょう》の愚翳《ぐえい》も亦復た是《かく》の如し。三諦《さんたい》を識らざれば、大悲《だいひ》方便をもて、為《ため》に有門《うもん》・空門《くうもん》・有空門《うくうもん》・非《ひ》空非有門《くうひうもん》を説いたまう、是の諸《もろもろ》の凡夫、終に常《じょう》・楽《らく》・我《が》・浄《じょう》の真実の相を見ること能わず。各《おのおの》空有を執して互相《たがい》に是非すること、彼の四盲《しもう》の如し。所以《このゆえ》に常途《じょうず》に二諦を解する者、二十三家《け》なり。家家《けけ》不同にして、各各に異見し、自を執して他を非す。甘露を飲むと雖も、命《めい》を傷《やぶ》って早く夭《よう》ずと云云。

随智説の三諦とは、初住《しょじゅう》より去《このかた》、但し、中《ちゅう》を説くに視聴《しちょう》を絶するのみに非ず。真と俗も亦然なり。三諦玄微《さんだいげんみ》にして、唯智《ゆいち》の所照《しょしょう》なり。示すべからず、思うべからず。聞く者驚怪《きょうけ》しなん。内《ない》に非ず、外《げ》に非ず。難に非ず、易《い》に非ず。相に非ず、非相に非ず。是れ世法《せほう》に非ず、相貌《そうみょう》有ること無し。百非洞遣《ひゃっぴとうけん》し、四句皆亡《かいもう》す。唯し仏と仏とのみ、乃《いま》し能く究尽《くうじん》したまえり。言語道断し、心行処滅《しんぎょうしょめつ》す。凡情を以て図《はか》り想うべからず。若しは一、若しは三、皆な情望《じょうもう》を絶つ。尚《なお》し二乗の測《はか》る所に非ず。何《いか》に況んや凡夫をや。乳の真色を眼《まなこ》開けたるは乃《すなわ》ち見、徒《いたずら》に言語《ごんご》を費《ついやせ》せども、盲《めしい》は終に識らざるが如し。是《かく》の如くの説をば名づけて随智説の三諦の相と為《す》。即ち是れ随自意語なり」と。

喩して曰く。此の宗の所観は三諦《さんだい》に過ぎず。一念の心中に即ち三諦を具す。此れを以て妙と為。彼の百非洞遣、四句皆亡、唯仏与仏、乃能究尽《ないのうくうじん》の如くに至っては、此宗、他《ししゅう》宗、此れを以て極《ごく》と為。此れ顕教の関楔《かんせつ》なり。但し真言蔵家には、此れを以て入道の初門と為。是れ秘奥《ひおう》にはあらず。仰覚《ぎょうかく》の薩埵、思わずんばあるべからず。

【用語釈】

「天台止観」　隋の智者大師・智顗《ちぎ》（五三八―五九七）の口説を、弟子の灌頂《かんじょう》が記した『摩訶止観《まかしかん》』（【大正】四六・一九一一番）のこと。

「貝・粖・雪・鶴」　牛乳の色の喩えとして出すが、それぞれを有・空・空有・非空非有の四門に配して説明する（【杲宝】四〇八上）。外道が真実を知らないことを非難する喩え。

「三諦」　空諦（あらゆる存在は実体のない空であるという否定面の真理）、仮諦（実体を否定するが、縁起によって起こる仮の存在と見る肯定面の真理）、中諦（空と中を超えた本体的な境地を表す真理）。これら三諦は互いに融合し合い、一心の上に観法することを、一心三観《いっしんさんがん》という。天台宗を代表する観法である。

「常・楽・我・浄」　初期仏教の説く「無常・苦・無我・穢」に対して、大乗仏教では、それぞれの肯定面を積極的に説く。四徳ともいわれる。仏の自証の境地を天台では三諦と見て、その引用文の元になる『涅槃経』ではそれを四徳とするためにここに挙げられている。この場合は三諦を意味すると見てよい（【那須】一二七、【小田】五八八）。前述の「貝・粖・雪・鶴」の比喩が引用される『涅槃経』の当該箇所において、外道がこれら四徳の義を知らない喩えとして用いられている。

「初住より去」 五十二位から十信を除く十住、十行、十回向、十地、等覚、妙覚の四十二位をいう。

「百非洞遣」 諸々の非を否定すること。

「四句皆亡」 四句は有・無・一・異を指し、これらから離れること。

ロ 『楞伽経』の説く教主

【要旨】

天台宗の仏身観を窺うために、先に『摩訶止観』を採り、ここでは『楞伽経《りょうがきょう》』の中から、説法の主を探して『法華経』の教主を求める。そこでは応化身の仏が、仮に声聞の姿をとった応化の仏に対して、将来成仏するであろうとの授記《じゅき》を与える。結論として

『法華経』の教主は応化仏であり、報身仏でも法身仏でもないことを明らかにする。

【現代表現】

『楞伽経』（【大正】一六・五六〇下）に、

「仏が大恵に次のように仰せられた。〈その昔、私は仮に声聞の姿をとって菩薩行を実践しながらも、小乗仏教徒が願う身心をすべて滅し尽くした涅槃（無余涅槃《むよねはん》）に入ろうと願っている声聞に対して、将来に成仏するであろうと予言（授記《じゅき》）を授けた。大恵よ。本来は与えるべきではない小乗徒の声聞に、仏となる約束をすることはあり得ないのだが、それは向上心の薄い者たちに、進んで仏に成ろうとする心を起こさせようとするためなのである。大恵よ。この世、あるいは仏の国において、人々の中には菩薩の行を修しながらも、なお声聞の法を願う者がいるので、ただその者の心を翻して偉大なる覚りを得させようと思うだけである。これらのことは教化の一環として、応化の仏が仮の姿をとっている声聞たちのために、授記を授けられたのである。一部の者が主張しているような報身仏や法身仏が仏となる授記を授けたわけでは決してない〉」と説かれている。

私（空海）の意見を述べると、この『楞伽経』の文から見るならば、『法華経』は応化仏がお説きになられたものである（法身の説法ではない）。何故かといえば、『法華経』には、仏が声聞の姿をとっている弟子たちに対して、授記を授けられたと記されているからである。これだけで『法華経』を法身の説と主張する者がいるけれど、まことにまぬけなたわごとといわねばならない。

【読み下し文】

『楞伽経《りょうがきょう》』に云《いわ》く。

「仏《ほとけ》、大恵《だいえ》に告げたまわく。〈我れ曾《むかし》、菩薩の行を行ぜし諸《もろもろ》の声聞等《しょうもんとう》の無余涅槃《むよねはん》に依るが為に、而も授記《じゅき》を与う。大恵、我れ声聞に授記を与うることは、怯弱《こにゃく》の衆生に、勇猛《ゆうみょう》の心《しん》を生ぜしめんが為なり。大恵、此の世界の中、及び余の仏国に、諸の衆生、菩薩の行を行じて、復た声聞法の行を楽《ねが》う有り。彼の心を転じて大菩提を取らしめんが為なり。応化身の仏、応化の声聞の為に授記す。報仏・法身の仏として記別《きべつ》を授くるには非ず〉」と。

喩して曰く。此の文《もん》に依らば、『法華経』は、是れ応化仏の所説なり。何を以ての故に。応化の声聞等の為に、仏、記別を授けたまうが故に。或る者《ひと》、法身の説と謂ず。甚だ誣罔《ふもう》なりまくのみ。

【用語釈】

「楞伽経」 ここで引用されている菩提流支訳『十巻楞伽経』第八巻、変化品の文（【大正】一六・五六〇下）。その他実叉難陀《じつしゃなんだ》訳『七巻楞伽経』第六巻（【大正】一六・六二二中）、求那跋陀羅《ぐなばだら》訳『四巻楞伽経』第四巻（【大正】一六・五一三上）にも近似文がある。

サンスクリット文（南条文雄校訂『梵文入楞伽経』大谷大学、一九五六、二四一頁）は以上の三訳とは若干の相違がある。

「無余涅槃」 涅槃は寂静な覚りの世界を表し、無余涅槃とは肉体も精神も滅し尽くすこと、灰身滅智《けしんめっち》ともいわれる。大小乗ともに目標とされるが、ここでは小乗。

「授記」 過去世に過去仏が修行者に対して、未来世に必ず仏となることを予言し保証を与えること。記別も意味は同じ。

「声聞に授記」　声聞に、決定・上慢・退大・応化の四種あり。決定・上慢の声聞には根未熟のために授記せず、授記するのは、退大と応化の声聞に限られる（【杲宝】四一四上）。

「法身」　ここではサンスクリット語は、dharmatā-buddha（前掲『梵文入楞伽経』二四一頁）。

「ある者」　古来、種々の説があるが、おそらく天台宗の誰かと考えられている。【加藤】
（四九）は嘉祥大師・吉蔵と見做す。

8　法相宗の論における果分不可説

【要旨】

法相宗の教義について、世俗諦《せぞくたい》の四種、勝義諦《しょうぎたい》の四種の真理観（四重二諦説）を略述し、その最高の段階にある、勝義勝義諦は一真法界《いっしんぽっかい》あるいは廃詮談旨諦《はいせんだんじたい》とも称され、仏のみ味わいうる絶対の境地で、通常の言語とか認識作用によっては把握しえない、つまり果分不可説《かぶんふかせつ》の世界であることを述べる。

【現代表現】

唐の慈恩寺《じおんじ》の窺基法師《ききほうし》の『大乗法苑義林章《だいじょうほうえんぎりんじょう》』第二巻のうち「二諦義章《にたいぎしょう》」（【大正】四五・二八七中）に次のように説かれている。『瑜伽師地論《ゆがしじろん》』（【大正】三〇・二八七中）と『成唯識論《じょうゆいしきろん》』（【大正】三一・一五九）によれば、〈世俗諦《せぞくたい》（俗諦と略することもある）すなわち一般社会でいう真理と、勝義諦《しょうぎたい》すなわち仏の世界での真理、この二つの真理には、それぞれ四種の区別がある。その中で世俗諦の四つの名を次に挙げる。

1　世間世俗諦、一般社会の常識の範囲での状態であり、これは迷いの世界で名前だけがよく知られていて、実体が伴わないので、有名無実諦ともいう。

2　道理世俗諦、五蘊、六境、十二処、十八界、因縁などの法を説き、二元的な考え方の区別を明確にして世間の実体を示すので、随時差別諦ともいう。

3　証得《しょうどく》世俗諦、苦・集・滅・道の四諦《したい》（四種の真理）の中、苦と集の二諦によって生死の本質を覚り、滅と道の二諦によって出世間の真実を証得する。四諦を方便行として立てるので、方便安立諦《ほうべんあんりゅうたい》ともいう。

4　勝義世俗諦、真理の世界を説くが、それは仮の名をもって説くので永遠なものではなく、実体として立てたものではない。仮名非安立諦《けみょうひあんりゅうたい》ともいう。

一方、勝義諦の四つの名を次に挙げる。

1　世間勝義諦、一般社会の見解であるが、聖者から見て勝義ともなる。またそれは本体とその働きがともに現実に顕れているので、体用顕現諦《たいゆうけんげんたい》ともいう。

2　道理勝義諦、四諦を修し、これらの因果の区別を明らかにすることを道理といい、それは覚りの世界でもあるので、因果差別諦《いんがしゃべつたい》ともいう。

3　証得勝義諦、空を極めて真理を顕し、人法の二空の証得を手がかりに顕れる真理であるから、依門顕実諦《えもんけんじつたい》ともいう。

4　勝義勝義諦、世俗を超越した絶対的な真理であり、前述の四種の世俗諦を超過しているから、廃詮談旨諦《はいせんだんじ》ともいう〉と。

これらの四種の勝義諦のうち前の三種の諦を、有無などの対立観念をいくらか残しているために安立《あんりゅう》勝義諦と名づける。また第四の勝義勝義諦は、対立観念を完全に超越しているので、非安立勝義諦と称するのである」。

またいう。

「勝義勝義とは、その体が極めて微妙で、言語の領域を離れ、通常社会の常識の範囲をはるかに超えた事柄を勝義と名づけたものであり、仏の智慧によって把握できるもので、前述の四種の世俗諦を超絶したものを勝義という」と。

さらにまたいう。

「この第四の勝義勝義諦は現実世界の常識の及ぶところではなく、言葉や文字による表現の可能性を否定した、一真法界つまり唯一にして真実なる仏の世界である」と。

私（空海）の意見を述べると、この『二諦義章』の説く「勝義勝義、廃詮談旨、聖智内証、一真法界、体妙離言」といった認識活動をはるかに超えたと主張する境地はとりもなおさず顕教の領域である。いうなれば現象世界の人たちの四種の言語は皆役に立たない。ただし密教でいう自性法身だけが内容に叶った真実の言葉でもってこの絶対の境地を説くことができる。これを真言秘教と名づける。『金剛頂経《こんごうちょうきょう》』などの経典がその境地を説き明かしている。

【読み下し文】

慈恩法師《じおんほっし》の『二諦義《にたいぎ》』に云《いわ》く。

「『瑜伽《ゆが》』『唯識《ゆいしき》』の二諦に、各《おのおの》四重《しじゅう》有り。世俗諦《せぞくたい》の四名《しみょう》と者、一《ひとつ》には世間世俗諦〈亦は有名《うみょう》無実諦と名づく〉、二《ふたつ》には道理世俗諦〈亦は随事差別諦《ずいじしゃべつたい》と名づく〉、三《みつ》には証得《しょうどく》世俗諦〈亦は方便安立《ほうべんあんりゅう》諦と名づく〉、四《よつ》には勝義《しょうぎ》世俗諦〈亦は仮名《けみょう》非安立諦と名づく〉。勝義諦の四名と者、一には世間勝義諦〈亦は体用顕現諦《たいゆうけんげんたい》と名づく〉、二には道理勝義諦〈亦は因果差別諦《いんがしゃべつたい》と名づく〉、三には証得勝義諦《しょうどくしょうぎたい》〈亦は依門顕実諦《えもんけんじつたい》と名づく〉、四には勝義勝義諦〈亦は廃詮談旨諦《はいせんだんじたい》と名づく〉。前の三種《じゅ》をば、安立《あんりゅう》勝義諦と名づく。第四の一種は非安立勝義諦なり」と。

又云く。

「勝義勝義とは、体妙離言《たいみょうりごん》にして、迥《はる》かに衆法《しゅうぼう》に超えたるを名づけて勝義と為。聖智《しょうち》の内証《ないしょう》にして、前《さき》の四俗に過ぎたるを復た勝義諦と名づく」と。

又云く。

「第四の勝義勝義諦と者、謂く。非安立《ひあんりゅう》・廃詮談旨《はいせんだんじ》・一真法界《いちしんぽっかい》なり」と。

喩して曰く。此の章の中の勝義勝義・廃詮談旨・聖智内証《しょうちないしょう》・一真法界・体妙離言等とは、是の如くの絶離は、即ち是れ顕教の分域なり。言く、因位《いんに》の人等の四種の言語《ごんご》、皆な及ぶこと能わず。唯し自性法身のみ有《いま》して、如義真実の言《ごん》を以て、能く是の絶離の境界を説きたまう。是れを真言秘教と名づく。『金剛頂』等の経、是れなり。

【用語釈】

「窺基」（六三二―六八二）慈恩寺に住するところから慈恩法師ともいわれる。法相宗の祖、中国における唯識学の権威者、代表的な著作に『大乗法苑義林章《だいじょうほうえんぎりんじょう》』七巻がある。

「四種の言語」『釈摩訶衍論』巻第二に説く「五種言語」（無始言語《むしごんご》・相言語《そうごんご》・夢言語《むごんご》・執着言語《しゅうじゃくごんご》・如義言語《にょぎごんご》）の中の始めの四種の言語。

「自性法身」自性《じしょう》・受用《じゅゆう》・変化《へんげ》・等流《とうる》の四種法身の一。詳しくは本書一一七頁の【用語釈】参照。

「金剛頂経」真言密教では二種の根本経典の一。十八会十万頌の膨大な量の経典。

9　三論宗の論における果分不可説

イ　『智度論』の引用

【現代表現】

『智度論』の第五巻（【大正】二五・九七中）に次のように説かれている。

「現象界に存在するものはすべて生じるものではなく、滅するものでもなく、断絶したものでもなく、常なるものでもなく、一なるものでもなく、異なったものでもなく、去りゆくものでもなく、来るものでもない。このようなすべてのものは因と縁によって生じたものであるという教えは、すべての概念化された空虚な言葉を否認する。仏は以上のことをお説きになっておられるから、私は今まさにこの仏に礼拝し奉る。

存在するすべてのものは生まれるものではない。滅するものでもない、生まれないものでもない、滅しないものでもない、生じたり滅したりしないものでもない、また生じたり滅したりしないものではないものでもない。それはすでに覚りに到達してるから、空でもなく、空でないものでもない。以上のような覚りの境地はさまざまなありきたりの空虚な言葉を捨て去っていて、どのような言葉でも表現しえない境地で、深く仏法の奥深く入り込んでいて、相対的な思考を完全に離れ、あらゆるこだわりを捨て去り、前進も退去もいっさいない境地で、これを無生法忍《むしょうぼうにん》と名づける。以上の三論宗の教えは、（密教の境地にははるかに及ばないが、）仏道に人々を導く助けとなる最初の門である」と。

また同じく『智度論』第三十一巻（【大正】二五・二八九上）に、次のように説かれている。

「次に、因縁によって生滅する現実世界を離れて、生滅と関係のない真理の世界は存在しない。何故かといえば、生滅する現実世界の実体は、そのまま生滅とは無関係の真理の世界でもある。といっても真理の世界は現象世界ではない。人々は考え方が顚倒しているために、誤ってこの両者を分けて考え、現実世界は生まれ（生）、なくなってしまう（滅）、そのままの状態を継続し（住）、形を変える（異）、この四段階を繰り返すと考え、一方、真理の世界は生まれず、その状態を継続せず、形を変えず、なくなってしまわないと思い込んでいる。以上のような三論宗の教えは、（密教の境地にははるかに及ばないが、）仏教に入る最初の門である」と。

【読み下し文】

『智度論』第五に云く、

「不生・不滅・不断・不常・不一・不異・不去・不来なり。因縁生の法は、諸の戯論を滅す。仏、能く是れを説きたまう。我、今、当に礼すべし。

乃至、諸法は生にあらず、滅にあらず、不生にあらず、不滅にあらず、非不生滅にあらず、亦た非不生滅にあらずにあらず。已に解脱を得つれば、空にあらず、不空にあらず。是の如き等は、諸の戯論を捨滅して言語道断し、深く仏法に入る。心通無碍にして不動不退なるを無生忍と名づく。是れ助仏道の初門なり」と。

又た三十一に云く、

「復た次に、有為を離れて則ち無為無し。所以は何となれば、有為の法の実相は、即ち是れ無為なり。無為の相は、則ち有為に非ず。但し衆生の顚倒せるが為の故に、分別して、有為の相とは、生・滅・住・異なり、無為の相とは、不生・不滅・不住・不異なりと説けり。是れを入仏法の初門と為」と。

【用語釈】

「心通無碍」　ものごとの両極端に走らず、心が自在に住してすべてに精通すること。

「無生忍」　中道の理を無生という。その理を覚る智を無生忍という。

「助仏道の初門」「入仏法の初門」　いずれも三論宗の教義の極位とする八不ないし無生忍の境地は仏道の第一段階であって、密教の教えにまだまだ到達していないという意味を込めている。

ロ　『般若灯論』の引用

【現代表現】

竜猛菩薩《りゅうみょうぼさつ》が作られた偈文に清弁《しょうべん》が解釈を加えた『般若灯論《はんにゃとうろん》』の中の「観涅槃品《かんねはんぼん》」の頌（【大正】三〇・一三〇下―一三一上）に、次のように述べられている。

「第一義諦《だいいちぎたい》すなわち真理の世界では（法身《ほっしん》）仏《ぶつ》は説法されることはない。

（法身）仏は分別を離れているから、大乗の教えといえども説かれることはない。

それでは化仏《けぶつ》が説法されるかといえば、それもありえない。

（法身）仏は説法に関与することはない。化仏はそもそも仏ではない。

ましてやその化仏が真理の世界にあって、説法することなどありえない。

真理の世界は分別を超えた空であり、衆生に悲の心を起こすことはない。

衆生という固定した実体はないから、また仏の実体もありえない。

かの化仏には実体がないから　衆生救済の悲の心を起こすことはない」と。

分別明《ふんべつみょう》菩薩と称せられる清弁《しょうべん》が竜樹《りゅうじゅ》菩薩の作られた偈頌に釈を加えた『般若灯論』の中に、次のような解釈がなされている。

「この中の第一義諦すなわち真理の世界についていえば、特定の姿や形に限定されないから無相である。そこでは仏もなければ、また大乗という特別の姿や形もない。第一義とは、比べもののない不二の智慧の境界のことである。このような意味において汝すなわち外道の論者が説く、真理の世界では仏は説法せずという偈頌の内容は、まさに我が仏法の説かんとするところにも適っている。そこで今、汝のために如来の身体について本当の意味を解き明かそう。如来の身体はもとより個別的な働きをなされることはないけれども、修行時代の昔に生きとし生ける者すべてを救い尽くそうという利他の願いを起こして、その願いをわが身に植え付けられているので、そのような大願を身につけ、薫らせ持つ功徳によって、あらゆる時に化仏の身となって、生きとし生ける者すべての救済に向かわれる。

この化身でもって文字とか文章を用いて、次第に説法をなされるようになる。つまり一切の外道や声聞・縁覚が説くような偏った空の解釈を採らず、人（個我の存在）と法（現象世界の存在）とに実体はないという二無我の教えを説くのである。このように真理の世界に到達した境地を味わせようと思い、最上の教えである大乗の教えに従う者を満足させようと願い、化仏の姿をとって大乗の法を説かれるのである。真理の世界に（法身）仏がおられるので、その仏の意を汲み取って化身を出現させ、その化身でもって説法されるということである。要するに真理の世界においでになる（法身）仏が説法されることになるから、われわれ仏教徒の説く人と法との二無我の教えは、外道の者達の主張する点をも否認することにはならない」と。

さらに次のようにも説かれている（【大正】三〇・一三〇中）。

「真理の世界は、幻のようなもので実体がないのだから、法を説く者もいなければ、それを聞く者もいない。そういった意味で、如来は説法する場所もなければ、ほんのわずかな教えもお説きになることはない」と。

また同じ『般若灯論』の「観邪見品《かんじゃけんぼん》」（【大正】三〇・一三五中）に、次のように説かれている。「『大般若経』の中に説かれているところ（【大正】七・一〇八一下に該当する取意の文であると【那須】一六四は指摘す）によれば、仏が勇猛《ゆうみょう》菩薩や極勇猛菩薩に次のように仰せられた。〈もの（色）は本来空なのだから、実体を持つというような邪見を起こすべきではない。また実体がないと否定する邪見も持つべきではない。さらに感じ取ること（受）、思いを起こすこと（想）、意志を起こすこと（行）、識別すること（識）に対しても邪見を持つべきではない。さらにまた邪見をも断ずべきではないということを知ることが般若波羅蜜というのだ〉と。

今、邪見を起こすとか、それを断じるとかといった差別が生まれる縁起の教えは、ものにはもともと固定した実体がないということを、人々に説明して納得させることが大切で、そうすればあらゆる論理的でない空虚な言葉とか、一だ、多だといったくだらぬ対立的な思考がなりをひそめて、すべてが穏やかな状態になる。このことが自ら覚る教えであり、虚空のように時空に限定されない教えであり、これこそあらゆる対立的な思考を超えた教えで、真理そのものに住した教えにほかならない。このように本物の味でもって人々を覚りに導く、このことが『般若経』の解き明かそうとする趣旨の一部分である。」

以上の『般若経』等の内容につき、空海が自身の意見を次に述べる。

上述の文によれば、『中観論』が説こうとするところは、さまざまな非論理的で空虚な言葉を否定して、穏やかで世俗を絶離した境地を最高のものと考えている。だがこのような考えはどれも否定の論理（遮情門《しゃじょうもん》）が優先して、全面肯定の教え（表徳門《ひょうとくもん》）とは言えない。『大智度論』の著者とされる竜猛菩薩も、このような否定の論理に貫かれた教えを、密教に入門するほんの初段階に過ぎぬと断定されている。密教についてじゅうぶん知ろうという志ある者は、以上のことを心に留めて、よくよく考えてほしい。

【読み下し文】

竜猛菩薩の『般若灯論』の「観涅槃品」の頌に曰く、

「彼の第一義の中には　仏、本より説法したまわず
仏は無分別者なり　大乗を説くこと然らず
化仏は説法すといわば　是の事、則ち然らず
仏は説法に心無し　化者は是れ仏に非ず
第一義の中に於いて　彼亦た説法せず
無分別性、空にして　悲心有ること然らず
衆生、無体の故に　亦た仏体有ること無し
彼の仏、無体の故に　亦た悲愍の心無し」と。

分別明菩薩の『釈』に云く、

「此の中に第一義を明かさば、一相の故に、所謂、無相なり。仏も無く、亦た大乗も無し。第一義と者、是れ不二智の境界なり。汝が説く偈は、正しく是れ我が仏法の道理を説けり。今、当に汝が為に如来の身を説くべし。如来の身と者、無分別なりと雖も、先

に利他の願力を種えしを以て、大誓《だいせい》の荘厳薫修《しょうごんくんしゅ》するが為の故に、能く一切衆生を摂《しょう》して、一切時に於いて化仏《けぶつ》の身を起す。

此の化身に因《よ》って、文字章句有って、次第に声を出だす。一切の外道《げどう》・声聞《しょうもん》・辟支仏《びゃくしぶつ》に共《ぐう》ぜざるが故に、而も為に二種の無我を開演す。第一義波羅蜜《はらみつ》を成就せんと欲うが為の故に、最上乗に乗ずる者を成就せんと欲うが為の故に、名づけて大乗と為。第一義の仏有るが故に、彼の仏に依止《えし》して化身を起す。此の化身より説法を起す。第一義の仏、説法の因と為るに由《よ》るが故に、我が所立の義をも壊《え》せず、亦た世間の所欲をも壊せず」と。

又た云く、

「第一義の中には、幻の如く、化の如し。誰か説き、誰か聴かん。是れを以ての故に、如来は処所無し。一法として為に説くべきこと無し」と。

又た「観邪見品《かんじゃけんぼん》」に云く、

「『般若』の中に説かく、仏、勇猛《ゆみょう》・極勇猛《ごくゆみょう》菩薩に告げたまわく、〈色は見を起す処に非ず、亦た見を断ずる処に非ず、乃至、受・想・行・識も見を起す処に非ず、亦た見を断ずる処に非ずと知るをば、是れを般若波羅蜜と名づく。〉今、起《き》等の差別《しゃべつ》縁起を以て開解《かいげ》せしむること者、所謂、一切の戯論《けろん》及び一異等の種種の見を息《や》めて、悉く皆、寂滅《じゃくめつ》せしむ、是れ自覚の法なり、如虚空《にょこくう》の法なり、是れ無分別の法なり、是れ第一義の境界の法なり。是《かく》の如き等の真実の甘露を以て開解《かいげ》せしむる、是れ一部の論宗なり」と。

喩《ゆ》して曰く、今、斯の文《もん》に依らば、明らかに知んぬ。『中観《ちゅうがん》』等は諸の戯論を息めて、寂滅絶離《じゃくめつぜつり》なるを以て宗極《しゅうごく》と為。是の如くの義の意《こころ》は、皆、是れ遮情《しゃじょう》の門なり。是れ表徳《ひょうとく》の謂《いい》にはあらず。論主自ら入道の初門と断じたまえり。意《こころ》有らん智者、心を留めて之れを九思《きゅうし》せよ。

【用語釈】

「竜猛菩薩」（Nāgārjuna-bodhisattva）　密教では、大乗仏教の竜樹と同一人物とみなし、大日如来より法を授かった金剛薩埵を継ぐ付法の第三祖であって、現実世界に密教を弘めた伝持の初祖とする。

「般若灯論」　竜樹作の『中論』に対して、清弁《しょうべん》（六世紀）が著した注釈書。

「第一義」 第一義諦（真諦）の略、真理の世界のこと、対語は世俗諦。

「化仏」 応化仏の略。応身と化身をいう。

「分別明菩薩」 『般若灯論』の作者である清弁（Bhāvaviveka）。

「遮情」 否定を主目とする論理。

「表徳」 肯定に裏付けられた論理。

「論主」 『智度論』の著者とみなされている竜猛を指す（【小田】六一八、【栂尾】四〇八）。

宥快は『智度論』の入仏道初門の文に依るとみる（【興国】三〇二上）。

10 密教の説く果分可説

イ 『智度論』の引用

【要旨】

これまでは華厳・天台・法相・三論つまり四家大乗それぞれの覚りの世界（果分）に説法なしという見解を提示してきた。これからの段は、顕教の経・論を典拠にして、密教の立場に通じる果分には説法ありという思想を展開する。

【現代表現】

竜樹菩薩の著作『大智度論』の第三十八巻（【大正】二五・三三六中）によれば、「仏法では真理に関する見方に二種ある。その一つは世俗諦つまり通常世間からの真理の見方、第二に第一義諦つまり覚りの境地からの真理に対する見方である。世間的な立場からは衆生は存在すると説き、覚りの境地に立てば、仏に対して衆生という対立的な存在はないと説く。

また人に関していえば二種ある。名前や文字の本来の形を知る人と、それをまったく知らない人とがいる。たとえていえば軍隊の中で、暗号をこしらえて、それを知っている人と、まったく知らない人がいるようなものである。さらに人には二種ある。初めて修行に取りかかる者と、ずっと以前から修行を積んだ熟達者である。かってに何か思い込んでそれに執着する人と、執着しない人がいる。また他人の心をよく考慮する者と、表面的なものにとらわれて、他人の心を考慮しない者とがいる。〈他人が声を出しても、それをじゅうぶん理解せずに、自分勝手な解釈をしてしまう。〉このような存在するものが持っている本来の意味に気づかぬ人、修行を始めて間のない人、ものごとに執着する人、他人の心を知ろうとしない人などのためには、衆生はなしと説く。その逆にものの本来の意味を理解している人、長年にわたり修行している者、ものごとに執着しない人、他人の心の中を理解する人などのためには、衆生ありと説く」と。

以上について私（空海）が意見を述べると、以上の二種の真理に対する見方の中、初め（初重）の二種の真理については、一般の見方のままでよい。次（第二重・深秘）の人に関する二種の真理については、八種の人がいて、最初のものの本質を知らない四人のためには、真理の中に仏はおらず、人もいないと説く。後のものの本質をわきまえている四人のためには、真理の中に仏はおられ、人もいると説く。このように教えが相違する説き方をよくよく心得ておくがよい。いわゆるものの本質に繋がる形の本来の意味についての問題は、真言の教えの中に詳しく述べられている。

【読み下し文】

竜樹菩薩の『大智度論』三十八に云く。

「仏法の中に二諦有り。一には世諦《せたい》、二には第一義諦なり。世諦の為の故に、衆生有りと説き、第一義諦の為の故に、衆生所有《しょう》無しと説く。復た二種有り、名字《みょうじ》の相を知る有り、名字の相を知らざる有り。譬えば軍の密号を立つるに、知る者有り、知らざる者有るが如し。復た二種有り、初習行《しょじゅうぎょう》有り、久習行《くじゅうぎょう》有り、着《じゃく》者有り、不着者有り、知《ち》他意《たい》有り、不知他意の者有り。〈言辞《ごんじ》有りと雖も、其の奇言《きごん》を知って、以て自ら理を宣《の》ぶ。〉不知名字相《ふちみょうじそう》・初習行・着《じゃく》者・不知他意の者の為の故に衆生無しと説く。知名字相・久習行・不着・知他意の者の為の故に説いて衆生有りと言う」と。

喩して曰く、初重の二諦は常の談と同じ。次の二諦に八種の人《にん》有り。不知名字相等の四人の為には、真諦の中に仏無し、衆生無しと説く。後《のち》の四人の為の故には、真諦の中に仏有り、衆生有りと説く。審《つまびら》かに之れを思え。所謂、密号名字《みつごうみょうじ》相等の義は、真言教の中に分明に之れを説けり。


【用語釈】

「竜樹菩薩」　密教では竜猛と大乗仏教の中観派の竜樹は同一人物と考えられているが、ここでは『大智度論』の著者として、本来の竜樹の名を用いる。

「世諦」　世俗諦の省略形。俗諦ともいう。世間的な立場から見た真理。

「第一義諦」　真諦ともいう。真理の存在そのもの。世俗諦の対語。

ロ　『菩提場経』の引用

【現代表現】

以上述べたことに関連した記述が『菩提場経』（具名は『菩提場所説一字頂輪王経』、【大正】一九・二〇七中）にあるので、その一部を次に抜粋して示そう。

「文殊菩薩が仏に向かって、次のように申し上げた。〈世にも尊いお方よ。あなたはどれほど多くのお名をお持ちになられて、その名でもって全世界において仏法をお説きになられるのでしょうか〉と。

仏はそれに対して次のように答えられた。〈私はいくつも名を持ち、法を説く相手によって姿を変え、それぞれに見合った名を使っている。すなわち帝釈、梵王、大自在、自然、地、寂静、涅槃、天、阿蘇羅、空、勝、義、不実、三摩地、悲者、慈、水天、竜、薬叉、仙、三界主、光、火、鬼主、有、不有、分別、無分別、蘇弥盧、金剛、常、無常、真言、大真言、海、大海、日、月、雲、大雲、人主、大人主、竜象、阿羅漢もしくは害煩悩、非異、非不異、命、非命、山、大山、不滅、不生、真如、真如性、実際、実際性、法界、実、無二、有相などの名前である。文殊師利よ。私はこの世界において、五阿僧《ごあそう》祇《ぎ》百千という無限の数の名を持ち、諸々の衆生を教化し、利益を与えてきた。如来は直接、衆生にお働きを示されることはないが、無量の種類の真言の色身《しきしん》、つまり具体的な形になって、教えをお示しになるのである〉と」。

【読み下し文】

故に『菩提場経《ぼだいじょうきょう》』に云《いわ》く、

「文殊、仏に白《もう》して言《もう》さく。〈世尊、幾所《いくばく》の名号《みょうごう》を以てか、世界に於いて転じたまう。〉

仏の言《のたま》わく、〈所謂《いわゆる》、帝釈《たいしゃく》と名づけ、梵王《ぼんのう》と名づけ、大自在《だいじざい》と名づけ、自然《じねん》と名づけ、地と名づけ、寂静と名づけ、涅槃と名づけ、天と名づけ、阿蘇羅《あそら》と名づけ、空《くう》と名づけ、勝《しょう》と名づけ、義と名づけ、不実と名づけ、三摩地《さんまじ》と名づけ、悲者《ひしゃ》と名づけ、慈と名づけ、水天《すいてん》と名づけ、竜と名づけ、薬叉《やしゃ》と名づけ、仙と名づけ、三界主《さんがいしゅ》と名づけ、光《こう》と名づけ、火《か》と名づけ、鬼主《きしゅ》と名づけ、有《う》と名づけ、不有《ふう》と名づけ、分別《ふんべつ》と名づけ、無分別と名づけ、蘇弥盧《そみろ》と名づけ、金剛と名づけ、常《じょう》と名づけ、無常と名づけ、真言と名づけ、大真言と名づけ、海《かい》と名づけ、大海と名づけ、日《にち》と名づけ、月《がつ》と名づけ、雲《うん》と名づけ、大雲と名づけ、人主《にんじゅ》と名づけ、大人主と名づけ、竜象《りゅうぞう》と名づけ、阿羅漢《あらかん》ないし害煩悩《がいぼんのう》と名づけ、非異《ひい》と名づけ、非不異《ひふい》と名づけ、命《みょう》と名づけ、非命《ひみょう》と名づけ、山《せん》と名づけ、大山《だいせん》と名づけ、不滅と名づけ、不生《ふしょう》と名づけ、真如と名づけ、真如性《しんにょしょう》と名づけ、実際《じっさい》と名づけ、実際性《じっさいしょう》と名づけ、法界《ほうかい》と名づけ、実と名づけ、無二と名づけ、有相《うそう》と名づく。文殊師利《もんじゅしり》、我れ此の世界に於いて、五阿僧祇百千《ごあそうぎひゃくせん》の名号《みょうごう》を成就《じょうじゅ》し、諸の衆生を調伏《じょうぶく》し成就せり。如来は功用《くゆう》無けれども、無量種の真言色身《しんごんしきしん》の事相《じそう》をもって転じたまう〉」と。

【用語釈】

「菩提場経」　具名は不空訳『菩提場所説一字頂輪王経《ぼだいじょうしょせついちじちょうりんおうきょう》』（【大正】一九・二〇七中）。

「阿羅漢害煩悩」 阿羅漢は小乗仏教では覚りに達したものをいう。サンスクリット語のarhatの単数主格形の音写語。害煩悩は阿羅漢の意味から採った名。

「真言色身の事相」〈色身〉は『二教論』原文では、〈色力〉【定弘】（三・九二）【弘全】（三・七三）。その元となる不空訳『菩提場経』（一八・二〇八上）により「色身」と改めた。その相違に気づいているのは、【頼瑜】（八七上あるいは『真言宗全書』の編集者か？）と【栂尾】（四一〇注②）、【加藤】（六二）である。原著の著作時より比較的早い時期の誤写とみなされる。『二教論』の原文に〈色力〉となっているため、早くから注釈者もその理解に苦しんだようである。ただどちらでもいいという見解もある【興国】（三一一下）。真言を語密に、色を身密に、力を意密に当てる解釈【杲宝】（四四八上）もなされ、【小田】（六三二）、【那須】（一七八）、【福田】（一二八）、【佐藤】（一七七）、【髙井】（二〇四）、【頼富】（八〇）は同調する。ただこれら近代の注釈者の幾人かは〈事相〉を現在一般に使用せられている教相に対する事相と誤認し、〈実践〉との現代語訳を当てているのは問題が残る。その他「大日経の加持文字の説に準じて之を知るべし」【亀井】（三七一注二〇八）の意味は理解しがたい。

11　法身説法の典拠としての『釈摩訶衍論』の説

【現代表現】

竜樹の『釈摩訶衍論』（【大正】三二・六〇五下―六〇六中）に次のように述べられている。

「言説《ごんぜつ》に五種類ある。名前に二種類ある。心量《しんりょう》つまり心のありように十種ある。このように経典によってさまざまに説かれていると。

まず言説に五種あり、というのは、一に相《そう》言説、二に夢《む》言説、三に妄執《もうじゅう》言説、四に無始《むし》言説、五には如義《にょぎ》言説である。この五種の言説について、菩提流支《ぼだいるし》訳『入楞伽経《にゅうりょうがきょう》』（【大正】一六・五三〇下）に次のように説かれている。〈大恵《だいえ》よ。相言説とは、ものの外形にとらわれて出す言葉である。大恵よ。夢言説とは、過去に経験したありもしない状況を思い浮かべて夢を見る。夢から覚めて、それは虚妄の境地であるから現実のものではないと知って出す言葉である。大恵よ。執着《しゅうじゃく》言説（妄執言絶）とは、過去に聞いたり見たり動いたりした行為を思い出して出す言葉である。大恵よ。無始言説とは、大昔から今まで実体のないたわごとにとらわれてきたために、そういった煩悩の種子の匂いが染みついてそこから出てくる言葉である。〉

『金剛三昧経』（【大正】九・三七一上）に次のように説かれている。

〈舎利弗がいう。あらゆる教説はいずれも言葉や文字で現されますが、その言葉や文字の表面だけでは、それらが持つ本当の意味を汲み取ることができません。本当の意味は言葉で言い表すことができません。それなのに如来は今どのようにしてご自身の宗教体験を言い表されるのですかと。

仏が答えられた。あなたがたは現実の世界に生きていて、現実世界で使っているそのままの言葉を使うから本当の意味まで表現することができない。だが私の説法はそれとは違っていて、通常の言葉ではない。真実の意味を直接説くことのできる言葉、すなわち義語であって、それは表面的な意味だけを伝える日常的な言葉とは違う。あなたがたが使っている言葉は義語ではなく、たんに空虚な言葉に過ぎない。そのような空虚な言葉では真実の意味を伝えることはできない。真実の意味を表していない言葉や文字は、みな妄語なのである。

それとは逆に、如義語すなわち真実に叶った言葉とは、あらゆる対立を超えた真実の空であって、なお同時に空でないものでもある。その空は真実でありながら同時に真実でないものでもある。それかといって空と有というこの両端を離れた中間というわけでもない。中間にも当たらないこのものは、空とか有とか、その中間の三種のありかたをも離れている。三種のありかたを離れている絶対の無であるから、それが拠る所もない。ただただ如にして如にして如、すなわちありのまま、そのままというよりほかはないのであると。

以上のような五種の言葉の中で、先の四種の言葉は偽りの言葉であるから、真実の境地を語ることはできない。第五の如義言説だけが、ありのままの真実そのものの言葉であるから、真実について語ることが可能だという。『大乗起信論《だいじょうきしんろん》』の中で、馬鳴菩薩《めみょうぼさつ》が、如来の説法は言葉を離れていると述べられているその言葉とは五種の言語のうち最初の四種の妄語を指している。

こころについて十種ある。それは何かといえば、一には眼識心、二に耳識心、三に鼻識心、四に舌識心、五に身識心、六に意識心、七に末那識心、八に阿梨耶識心、九に多一識心、十に一一識心である。これら十種の心の中で、初めの九種の心は真理についてまったく関係がない。最後の一一識心だけが真理と関係があり、それを境界とすることができる。今は先の九種の心でもって論を立てて、『大乗起信論』では、〈如来の覚りの境地は心の縁相を離れている、すなわち心による認識対象ではない（離心縁相）〉と述べているのである。〉」

以上の見解について、私（空海）の意見を述べる。言葉に五種あり、心のありようについては十種あるが、それらの中にあって、五種の言葉の中の前の四種の言葉と十種の心のありようの中の前の九種の心の領域と、それぞれの最後に配せられている如義語と一一識心の領域、これら二つの領域のどちらの方が真理からかけ離れているか、真実に則しているかという点について、『起信論』には明確に区別して説明している。（知らないとはいえ、密教の境地にははるかに及ばない）顕教の智慧のある方々よ。これらを詳しく研究して、ご自身の不審を抱いた見解を改めていただきたい。

【読み下し文】

竜樹の『釈大衍論《しゃくだいえんろん》』に云く、

「言説《ごんぜつ》に五種有り、名字《みょうじ》に二種有り、心量《しんりょう》に十種有り、契経《かいきょう》異説の故に。

論じて曰く、言説に五《いつ》つ有り、云何《いかん》が五つと為す。一《ひとつ》には相《そう》言説、二《ふたつ》には夢《む》言説、三《みっ》には妄執《もうじゅう》言説、四には無始《むし》言説、五には如義《にょぎ》言説なり。

『楞伽契経《りょうがかいきょう》』の中に是《かく》の如くの説を作す。〈大恵《だいえ》、相言説と者、所謂、色等の諸相に執着して而も生ず。大恵、夢言説と者、本受用虚妄《ほんじゅゆうこもう》の境界を念じて、境界に依って夢みる。覚め已って虚妄の境界に依って不実なりと知って而も生ず。大恵、執着《しゅうじゃく》言説と者、本所聞《ほんしょもん》所作の業を念じて而も生ず。大恵、無始言説と者、無始より来《このか》た、戯論《けろん》に執着して、煩悩の種子薫習《しゅうじくんじゅう》して而も生ず。〉

『三昧契経《さんまいかいきょう》』の中に是の如くの説を作す。〈舎利弗《しゃりほつ》の言《もう》さく、一切の万法《まんぼう》は、皆悉く言《ごん》文《もん》なり。言文の相は、即ち義と為るに非ず。如実の義は言説すべからず。今者《いま》如来云何《いかん》が説法したまう。

仏の言《のたま》わく、我が説法と者、汝衆生は生《しょう》に在《あ》って説くを以ての故に、不可説と説く。是《こ》の故に之れを説く。我が所説と者、義語にして文《もん》に非ず。衆生の説と者、文語にして義に非ず。義語に非ざる者は、皆、悉く空無なり。空無の言は、義を言うこと無し。義を言わざる者は、皆、是れ妄語なり。

如義語と者、実空《じつくう》にして不空なり。空、実にして不実なり。二相を離れて、中間にも中《あた》らず、不中の法は、三相を離れたり。処所を見ず、如如如説の故に。

是の如くの五つが中に、前の四つの言説は、虚妄の説なるが故に、真を談ずること能わず。後の一つの言説は、如実の説なるが故に、真理を談ずることを得。馬鳴《めみょう》菩薩は前《さき》の四つに據るが故に、是の如くの説を作して離言説相という。

心量に十《とう》有り、云何が十と為す。一には眼識心《げんしきしん》、二には耳識心《にしきしん》、三には鼻識心《びしきしん》、四には舌識心《ぜつしきしん》、五には身識心、六には意識心、七には末那識心《まなしきしん》、八には阿梨耶識心《ありやしきしん》、九には多一識心《たいっしきしん》、十には一一識心《いちいちしきしん》なり。是《かく》の如くの十が中に、初めの九種の心は、真理を縁ぜず。後の一種の心は、真理を縁じて而も境界と為すことを得。今、前の九つに據って、是の如くの説を作して離心縁相という〉」と。

喩して曰く、言語と心量等の離・不離の義は、此の論に明らかに説けり。顕教の智者、詳《つまび》らかんじて迷いを解け。

【用語釈】

「釈大衍論」　サンスクリット語で、「大」は mahā（摩訶）、「衍」は yāna に当たる。『釈摩訶衍論』と同じ。

「楞伽契経」『入楞伽経』のこと。「契経」は経典のこと。菩提流支訳の十巻本（【大正】一六巻・六七一番）を指す。

「煩悩の種子薫習す」　前世、今世での行為（煩悩）の余薫が種子となって残り、匂いを残す。

「金剛三昧経」「三昧契経」　訳者不詳『金剛三昧経』一巻（【大正】九・二七三番）。

「十心」　十識心の最初の六識は通常の識心。第七の末那識《まなしき》は意識の深層において働く識、第八の阿頼《あら》（梨）耶識《やしき》は個人存在の根本に潜み、一切の存在を生じる種子を内蔵し、内外の因縁によって触発されて現実化する識、唯識教学では第八識までが基本。『釈摩訶衍論』ではさらに相対的な第九の多一識心と、絶対的な第十の一一識心を説く。

12　即身成仏説の典拠

【現代表現】

『金剛頂発菩提心論《こんごうちょうほつぼだいしんろん》』（【大正】三二・五七二下　略称『菩提心論』）に、

「諸仏や諸菩薩が、かつて迷いの世界において覚りを求める心を発《おこ》して以来、勝義《しょうぎ》、行願《ぎょうがん》、三摩地《さんまじ》を戒として持し、成仏するまでの間、片時としても忘れることなく修行に励んだ。ただ真言の教えによってのみ即身成仏することができる。ただ真言の教えの中だけに、即身成仏に到る観法《かんぽう》、すなわち密教独自の精神統一の実践法が説かれている。その他の顕教の教えでは、このことは欠けていて述べられてはいない」

と説かれている。

以上について私（空海）の意見を補足して述べると次のようになる。この『菩提心論』は、大聖者である竜樹菩薩がお作りになられた千部の論書の中でも、密教の中にあって最も肝要な論書である。それ故、顕教と密教この二つの教えの特色や、どちらが浅いか、深いか、さらには成仏に到るまでに、どちらが遅いか早いか、どちらが優れているか劣っているか、これらの点すべてにわたってこの書物の中に述べられている。ここで説かれている、諸教とは、仏の身体の区分でいえば、仏の教えを受け取らせるための身体ならびに仏が種々の現実の姿をとって現れる身体などで説かれた教えであって、これらはすべての顕教に通じる。それに対し三摩地の法を説くというのは、仏が真理そのままの身体でもってお説きになる、三摩地、すなわち秘密真言独自の瑜伽《ゆが》の体験の内容を明らかにした教えであり、このことは『金剛頂経』の広本といわれる十万頌からなる経典などに説かれている。

【読み下し文】

『金剛頂《こんごうちょう》発《ほつ》菩《ぼ》提《だい》心論《しんろん》』に云《いわ》く。

「諸仏菩薩、昔、因地《いんじ》に在《いま》して、是の心《しん》を発《おこ》し已《おわっ》て勝義《しょうぎ》、行願《ぎょうがん》、三摩地《さんまじ》を戒《かい》と為て、乃《いま》し成仏に至るまで、時として暫《しばら》くも忘るること無し。惟《ただ》し真言法《しんごんぼう》の中にのみ即身成仏するが故に、是れ三摩地の法を説く。諸教の中に於いて、闕《けっ》して書《しょ》せず」と。

喩《ゆ》して曰く。此の論は竜樹大聖《だいしょう》所造《しょぞう》の千部の論の中の密蔵《みつぞう》肝心の論なり。是の故に、顕密二教の差別《しゃべつ》、浅深《せんじん》、及び成仏の遅速《ちそく》、勝劣、皆此の中に説けり。謂く。諸教と者他《た》受用身《じゅゆうじん》、及び変化身《へんげしん》等所説の法の諸の顕教なり。是れ三摩地の法を説くと者、自性法《じしょうほっ》身《しん》所説の秘密真言三摩地門、是れなり。所謂『金剛頂』十万頌《じゅ》の経等、是れなり。

【用語釈】

「金剛頂発菩提心論」 略称『菩提心論』一巻。竜猛造・不空訳とされるが、中国で何らかの改編がなされた、あるいは不空自身の撰述という可能性も考えられている。

「勝義、行願、三摩地」 勝義は真理、行願は衆生利益のための働き、三摩地は瑜伽の境地を指す。『菩提心論』はこれら三種を、行者の戒と見なすところに特色がある。

「自性法身」 密教の代表的な仏身観として、法身に四種あり。第一の自性法身は真理そのものを仏身と見る。第二の受用身《じゅゆうじん》は、真理を自らだけで受け味わう自受用身と、他者に分かち与える他受用身に二分される。第三の変化身《へんげしん》は具体的な形をもって表れた仏身。第四に等流身《とうるしん》は人間を始め動植物の姿をとる仏身。

『辯顕密二教論』巻下

13　なぜ密教が最高か

【要旨】

顕教に対する密教の優位性について、全仏教を分類する五蔵を取り上げ、その最終段階にあたる陀羅尼蔵すなわち密蔵があらゆる仏教の中でも優れている点について述べる。上巻の最後に、『菩提心論』を引用して、三摩地法門が密蔵であることを明らかにしているが、その密蔵のもつ利益の優れた点については触れていないので、ここでは『六波羅蜜経』と『楞伽経』を引用して、その主張の裏付けを提示する。

イ　『六波羅蜜経』の引用

【現代表現】

『六波羅蜜経』（具名『大乗理趣六波羅蜜多経《だいじょうりしゅろくはらみったきょう》』）第一巻（【大正】八・八六八中下）に次のように説かれている。

「三宝の中の法宝《ほっぽう》、つまり生き者が持つ仏としての性質は常に清浄と諸仏は説く。だが現実は煩悩により汚され、もともと輝いていた日光を雲が来て隠すに似る。とはいえ本来清らかな法宝は俗において、常楽我浄などあらゆる徳を具え持つ。この清浄な法宝をいかに求めるか。それは分別を超えた智慧のみが可能である。第一の法宝、常に清浄なる法宝は、法身（理）と般若（智）と解脱（理智ともに塵垢を離れる）の三徳を具え持つ。

第二の法宝は、戒律と禅定と智慧の功徳を具えていて、いわゆる四念処《しねんじょ》、四正勤《ししょうごん》をはじめとする三十七種の覚りに至る実践法（三十七菩提分法《ぼだいぶんぽう》）を指す。（中略）この法を実践することにより、先に述べた清浄な法身をあまさず身に付けることができる。

第三の法宝とは、いわゆる過去にお出ましになられた無量の諸仏が説かれた真理に適った教えと、今私（釈尊）が説く教えとである。要するに八万四千といわれる諸々のすばらしい教えをすべて合わせたものである。のみならずそれらによって少しでも縁を持った生きとし生ける者を教化し、精神的に充実させることができる。これらのすばらしい教えを、阿難陀（Ānanda）をはじめとする多くの弟子たちに、一度聞けばみんな記憶に強く残るようになされたのである。

これらの教えを集約すれば、次のような五つのグループ（五蔵）に分かれる。一には経（sūtra）蔵、二には律（vinaya）蔵、三にはアビダルマ（abhidharma）蔵、四には般若（prajñāpāramitā）蔵、五には陀羅尼（dhāraṇī）蔵である。これら五種に分けられる教えの集合態すなわち五蔵を使い分けて、生きとし生ける者を教化し、それぞれの宗教的な素養に従ってそのものにふさわしい教えを解き明かされたのである。

山林に籠り、静寂な場所に坐して瞑想行をしたいと願う者がおれば、その者のために、仏陀は経蔵を説かれる。また仏法に則った行動の規範を習得し正しい仏法を護り、僧団が和合して末永く存続し、そこに入りたいと望む者には、その者のために律蔵が説かれる。また正しい仏法を説き、それに含まれる表面的な意味と深い意味をより分けて、詳しく研究を重ね、それらの究極の内容まで尋ね求めようと願う者には、阿毘達磨蔵すなわち論蔵が示される。また大乗仏教の真実の智慧を学んでさらに、人には自我が存在するとの執着、および存在するものすべてに実体があると考える執着、これら二種の執着を離れようと志す者に対しては、大乗の般若（波羅蜜多）蔵が明らかにされる。またこれら経、律、論、般若の教えを学ぼうとしない者、あるいは四重禁《しじゅうきん》とか八重禁、五無間罪《ごむけんざい》を犯し、大乗経典を謗る罪《そし》を犯した者、あるいはもともと成仏のできるような宗教的な素質を持たない者など、どのような重い罪を犯した者であっても、それらの罪をすっかり消滅し去り、すぐさま解脱させ速やかに涅槃の穏やかな心情に導くために、さまざまな陀羅尼蔵が説かれているのである。

この五種の法蔵は、乳・酪・生蘇・熟蘇と最高の味がする醍醐、この五種の味によく譬えられる。すなわち経蔵は乳、律蔵（調伏）は酪、論蔵（阿毘達磨・対法教）は生蘇、大乗の般若蔵は熟蘇、陀羅尼（総持）門は醍醐に譬えられる。これらの中で最高とされる醍醐の味は、もっとも微妙なもので、この醍醐の味に比べられる密教によれば、よく人々の病を取り除き、生きとし生ける者に、精神的、肉体的な安らぎをもたらす。このような点で、密教（総持門）は経典類の中では最高のものである。密教こそが人々の重罪をよく消し去り、あらゆる生き物を生死の輪廻から救い出し、速やかに安らぎに満ちた涅槃の境地である法身を身につけさせることができる。

また次に慈氏よ。私（釈尊）が入滅した後に、阿難陀に私が説いた経蔵を、鄔波離《うばり》に律蔵を、迦多衍那《かたえんな》に論蔵を、曼殊室利《まんじゅしり》菩薩に大乗の般若（波羅蜜多）蔵を、さらに金剛《こんごう》手《しゅ》菩薩には、私が説いたきわめて奥深い、微妙な教えであるさまざまな総持門（陀羅尼門）すなわち密教を受持させよう」と。

以上について、私（空海）の意見を述べる。今この経典によると、仏は乳などの五味をもって五蔵に配当され、総持（門）をもっともすばらしい味をした醍醐に当て、その他の四味が四蔵に譬えられている。とはいえ中国本土の学匠たちは、この最高においしい醍醐の名を各自が勝手に盗み取り、自己の宗派に取りこんでいる。だがこの経典の内容をよく読むと、鐘を盗んだ人が、その鐘の音を聞くまいと自分の耳をふさいで知らぬ顔をしているようなもので、このような愚かな智慧しか持たぬ顕教の学匠たちに、これ以上の無駄な説明はごめんこうむりたい。

【読み下し文】

『六波羅蜜経《ろくはらみつきょう》』の第一に云く、

「法宝《ほっぽう》は自性《じしょう》、恒に清浄《しょうじょう》なり、諸仏世尊、是《かく》の如く説きたまう。客塵《きゃくじん》煩悩に覆わるること、雲の能く日の光明を翳《かく》すが如し。無垢の法宝は衆徳《しゅうどく》を備えて、常《じょう》・楽《らく》・我《が》・浄《じょう》、悉く円満せり。法性《ほっしょう》の清浄なるをば、云何《いかん》が求めん。無分別智《むふんべつち》のみ而《しか》も能く証す。

第一の法宝とは、即ち是れ摩訶般若解脱法身《まかはんにゃげだつほっしん》なり。

第二の法宝とは、謂く、戒《かい》・定《じょう》・智慧《ちえ》の諸《もろもろ》の妙功徳なり。所謂三十七菩提分法《ぼだいぶんぽう》なり。乃至、此の法を修《しゅ》するを以て、而も能く彼の清浄法身を証す。

第三の法宝と者、所謂、過去無量の諸仏所説の正法《しょうぼう》と、及び我が今の所説となり。所謂八万四千の諸の妙法蘊《みょうほううん》なり。乃至、有縁《うえん》の衆生を調伏《じょうぶく》し純熟《じゅんじゅく》す。而も阿難陀《あなんだ》等の諸の大弟子をして、一たび耳に聞いて、皆悉く憶持《おくじ》せしむ。

摂して五分《ごぶん》と為。

一つには素怛纜《そたらん》、二つには毗奈耶《びなや》、三つには阿毗達磨《あびだつま》、四つには般若波羅蜜多、五つには陀羅尼門なり。此の五種の蔵をもって有情を教化し、度すべき所に随って而も為に之れを説く。

若し彼の有情、山林《せんりん》に処し、常に閑寂《けんじゃく》に居《こ》して静慮《じょうりょ》を修せんと楽《ねが》うには、而も彼れが為に素怛纜《そたらん》蔵を説く。若し彼の有情、威儀を習って正法を護持し、一味和合にして久《く》住《じゅう》することを得しめんと楽《ねが》うには、而も彼が為に毗奈耶蔵を説く。若し彼の有情、正法を説いて性相を分別し、循環研覈《じゅんかんけんきゃく》して甚深を究竟《くきょう》せんと楽うには、而も彼が為に阿毗達《あびだつ》磨《ま》蔵を説く。若し彼の有情、大乗真実の智慧を習って、我法の執着の分別を離れんと楽うには、而も彼が為に般若波羅蜜多蔵を説く。若し彼の有情、契経・調伏・対法・般若を受持すること能わず、或いは復た有情、諸の悪業の四重・八重・五無間罪・謗方等《ほうぼうとう》経《きょう》・一闡提《いっせんだい》等の種種の重罪を造れるを銷滅することを得しめ、速疾に解脱し頓悟涅槃すべきには、而も彼れが為に諸の陀羅尼蔵《だらにぞう》を説く。

此の五法蔵は譬えば乳《にゅう》・酪《らく》・生蘇《せいそ》・熟蘇《じゅくそ》及び妙醍醐《みょうだいご》の如し。契経《かいきょう》は乳の如く、調伏は酪の如く、対法教は彼の生蘇の如く、大乗般若は猶し熟蘇の如く、総持門は譬えば醍醐の如し。醍醐の味《み》は乳酪蘇の中に微妙《みみょう》第一にして能く諸病を除き、諸の有情をして身心安楽ならしむ。総持門は契経等の中に最も第一為《た》り。能く重罪を除き、諸の衆生をして生死を解脱し、速やかに涅槃安楽の法身を証せしむ。

復た次に慈氏、我が滅度の後に、阿難陀をして所説の素怛纜蔵を受持せしめ、其の鄔波離《うばり》をして所説の毗奈耶蔵を受持せしめ、迦多衍那《かたえんな》をして所説の阿毗達磨蔵を受持せしめ、曼殊室利菩薩をして所説の大乗般若波羅蜜多を受持せしめ、其の金剛手菩薩をして所説の甚深微妙《じんじんみみょう》の諸の総持門を受持せしむべし。」

喩して曰く、今斯の経文に依らば、仏五味を以て五蔵に配当して、総持をば醍醐と称し、四味をば四蔵に譬えたまえり。震旦《しんだん》の人師《にんじ》等、醍醐を争い盗んで各々自宗に名づく。若し斯の経を鑒《かが》みば、則ち掩耳《えんじ》の智剖割《ぼうかつ》を待たじ。

【用語釈】

「法宝」 仏法僧の三宝の中の法宝。ここでは本覚たる自性清浄心を指す。

次に示される「無垢の法宝」が出纏《しゅつでん》（修生）法宝といわれるのに対し、この法宝は在纏《ざいでん》（本有）の法宝ともいわれる（【興国】三二八下）。

「無垢の法宝」 常楽我浄の四種の功徳を具え持つ法身。自性清浄な本覚より世に出て修行に努める衆生。

「無分別智」　世俗の対立的な思考を超えた絶対の智慧。

「第一の法宝」　性浄《しょうじょう》と無垢《むく》の二法宝ともに摩訶般若・解脱・法身を具える。

「摩訶般若・解脱・法身」　摩訶般若は真理を覚る智慧で智法身、解脱・法身は理智一体の法身。

「三十七菩提分法」　四念処《しねんじょ》、四正勤《ししょうごん》、四如意足《しにょいそく》、五根《ごこん》、五力《ごりき》、七覚支《しちかくし》、八正道《はっしょうどう》をいう。覚りに至る三十七の修行の方法で、初期仏教で主として説かれるが、大乗仏教でも採用する。

「妙法蘊」　すばらしい教えの集まり。

「五種の蔵（五蔵）」　仏教ではあらゆる経典や論書を、その性格によって、経（素怛纜）蔵、律（毘奈耶）蔵、論（阿毘達磨、すなわち対法論）蔵の三種の蔵に分け、三蔵（tripitaka）と称するのが通例である。後にはさらに般若蔵とか陀羅尼蔵を加え、四蔵ないし五蔵を説くこともある。

「静慮」　禅定ともいう。瞑想のこと。比丘・比丘尼の修行の基本となる。

「性相」　本質と表面に現れているもの。

「循環研覈」　いくども調べて詳しく内容を明瞭にすること。

「四重」　比丘に課せられる四重禁戒《しじゅうきんかい》。婬欲、偸盗、殺生、妄語の罪を禁止する。

「八重」　四重禁戒にさらに四種の戒を加える比丘尼に課せられた禁戒。

「五無間罪」　父を殺し、母を殺し、阿羅漢を殺し、仏身より血を出し、和合僧すなわち教団を破壊する、これらの五種の無間罪。

「方等経《ほうとうきょう》を謗る」　大乗経典を誹謗すること。

「一闡提《いっせんだい》」　サンスクリット語の icchantika の音訳語。いくど生まれ変わっても覚りに到達することのできない宗教的に劣った素質を持つ者。

「乳・酪・生蘇・熟蘇・醍醐」　乳から次第に手を加えて熟成させ、美味な製品に仕上げてゆく五種の過程をいう。この五味はもと『涅槃経』に見出され、天台宗において、この五段階の喩えを、華厳・阿含・方等・般若・法花涅槃の五時に配当する。

「総持」　陀羅尼と同じ意味。総持は意訳語、陀羅尼は音訳語。

「慈氏」　弥勒菩薩（Maitreya-bodhisattva）、聴衆の首座となる菩薩。

「阿難陀」(Ānanda)　仏の十大弟子の一人、多聞第一(聴聞の多さの第一人者)。

「鄔波離」(Upāli)　十大弟子の一人、持律第一(戒律順守の第一人者)。

「迦多衍那」(Kātyāyana)　十大弟子の一人、論義第一。

「曼殊室利」(Mañjuśrī)　智慧第一の大乗の菩薩。

「金剛手菩薩」(Vajrapāṇi-bodhisattva)　密教の菩薩であるが、一般の仏教経典においても密教経典を受持した菩薩として取り上げられる。

「掩耳《えんじ》の智」　鐘を盗んだが、その鐘の鳴る音に耳をふさいで聞かず、盗みがなかったことにしようとした愚か者の故事。中国の『劉子』の慎独篇に記載。

ロ　『楞伽経』の引用

【要旨】

釈尊の入滅後に、その教えを保持して世に広めたのは、南インドの竜樹大徳であったという証拠を、大乗経典である『楞伽経』の中に見つけ出す。

【現代表現】

『楞伽経』の第九巻（【大正】一六・五六九）に、

「私の体験した覚りの智慧は、誤った体験の境地ではない。如来が入滅されて後に誰がそれを保持して、その内容を私のためにお説きくださるのでしょうか。

如来亡き後の未来世に、まさにそれを受け取るにふさわしい人物が現れるであろう。大恵よ、あなたは私がこれからいうことをよく聞くがよい。南の大国に、優れた徳を具えた一人の比丘がいる。その方を竜樹菩薩という。この方は有とか無だとかいった偏った見解を打破して、私が説く大乗の中でもこの上もないすばらしい教えを、人々のためにお説きになるであろう」と述べられている。

以上のお言葉に、私（空海）が説明を加えると、〈私が体験した覚りの智慧〉とは、まさにこれが真言秘密蔵にほかならない。これは如来が予言されて、この竜樹のような人が出て、その予言通りのお言葉を示されるであろうということである。智慧ある人は、このお言葉をゆめゆめ疑ってはならない。

【読み下し文】

『楞伽経《りょうがきょう》』の第九に云《いわ》く。

「我が乗たる内証智《ないしょうち》は、妄覚《もうかく》の境界《きょうがい》に非ず。如来滅世《めっせ》の後、誰か持して我が為に説かん。

如来滅度《めつど》の後、未来に当に人有るべし。大恵、汝諦《あきら》かに聴け。人《ひと》有って我が法を持すべし。南大国《なんだいこく》の中に於いて、大徳の比丘《びく》有り、竜樹《りゅうじゅ》菩薩と名づけん。能く有無の見《けん》を破して、人の為に我が乗たる大乗無上の法を説くべし」と。

喩《ゆ》して曰《いわ》く、我が乗たる内証智と者、是れ則ち真言秘密蔵を示す。如来明らかに記したまえり。若《かく》のごとき人、説通ずべしと。有智《うち》の人狐疑《こぎ》すべかず。

14 法身説法の典拠

【要旨】

法身は絶対的な真理そのものを仏身と見たものであるから説法はしないということが、仏教各宗の定説であった。それに対して空海は積極的に法身の説法を主張し、その典拠として大乗仏典あるいは新しく請来した密教経典を取り上げて、その論拠を示す。

イ 『楞伽経』の説く法身の説法

【現代表現】

『楞伽経』の第二巻（【大正】一六・五二五中）に、

「また次に大恵よ、真理そのものである法性から流現した仏、つまり報身仏《ほうじんぶつ》は、あらゆる存在が独自性を持つ、あるいは共通性を持つ、この両極端に固執する常識的な見方に陥り、独自性にも共通性にも一方的に執心し、第六識ないし第七識のような分別をもつ心が習慣的に染みついている。大恵よ、このような状態は分別にこだわる空虚な考えの表れといってよい。大恵よ、こういうことが報身仏の説法のありかたなのである。

大恵よ、法身仏の説法というのは、もともと各人それぞれに対応しようという考えを離れているために、またそれは仏の覚りに基づく行為をそのまま映し出した境地であるために、大恵よ、こういうことが法身仏の説法のありようなのである。

大恵よ、応化仏《おうけぶつ》の行為とか説法は、六波羅蜜を実践するとか、五蘊、十二処、十八界などの三種の法とか、八解脱を実践するとか、八識などの区別を説き、それのみならず諸々の外道が説く無色三昧定《むしきさんまいじょう》の次第に至るまで言及する。大恵よ、こういうことが応化仏の所作であり、説法のありかたなのである。

大恵よ、これらに対して法身仏の説法とは、妄想や執念を離れ、主客の対立観念を離れ、思考する主体と思考される客体という対立とも離れ、行動に際して感覚器官の対象となるものに対する執着を離れる。それはもとより声聞とか縁覚、ないし外道などが知りうる境地ではないからである」と説かれている。

さらに同じく『楞伽経』の第八巻（【大正】一六・五六一上）には、

「大恵よ、応化仏は衆生の救済に専心するために、真実に関しては直接説かない。また仏の覚りそのものの境地についても説くことはない」と述べられている。

以上の点に関連して私（空海）の意見を述べる。今この『楞伽経』によれば、法、報、応の三種の仏身の説法には、それぞれの特色がある。応化仏が仏の覚りの境地を説かないことは明瞭である。ただ法身仏だけが、この仏の覚りの境地を説くことができる。その点に関しては後に引用する諸経典の内容をよく検討すれば、この考えが正しく理に適っていると納得できるであろう。

【読み下し文】

『楞伽』の第二に、又云く。

「復た次に大恵、法仏の報仏は、一切の法の自相同相を説くが故に、虚妄《こもう》の体相に執着するを以て、分別の心薫習《しんくんじゅう》するに因《よ》るが故に。大恵、是れを分別虚妄の体相と名づく。大恵、是れを報仏説法の相と名づく。

大恵、法仏の説法と者、心相応の体を離れたるが故に、内証聖行《ないしょうしょうぎょう》の境界なるが故に、大恵、是れを法仏説法の相と名づく。

大恵、応化仏《おうけぶつ》の所作、応仏の説は、施・戒・忍・精進・禅定・智慧の故に、陰界入《おんかいにゅう》解脱の故に、識想《しきそう》の差別の行を建立《こんりゅう》するが故に、諸《もろもろ》の外道の無色三摩抜提《むしきさんまはだい》の次第の相を説く。大恵、是れを応仏の所作、応仏説法の相と名づく。

復た次に大恵、法仏の説法と者、攀縁《へんねん》を離れ、能観と所観を離れたるが故に、所作の相と量の相を離れたるが故に、諸の声聞・縁覚・外道の境界に非ざるが故に」と。

又た第八巻に云く。

「大恵、応化仏は化衆生《けしゅじょう》の事《じ》を作すこと、真実相の説法に異なり、内所証《ないしょしょう》の法、聖智《しょうち》の境界を説かず」と。

喩《ゆ》して曰《いわ》く。今此の経に依らば、三身《さんじん》の説法に各分斉《おのおのぶんざい》有り。応化仏は内証智の境界を説かざること明らかなり。唯し法身の仏のみ有して、此の内証智を説きたまう。若し後の文を攬《かんがみ》ば、斯の理、即ち之れを決すべし。

【用語釈】

「法仏の報仏」『楞伽経』のサンスクリット文（南条文雄校訂『梵文入楞伽経』五六頁）では「dharmatā-nisyandabuddha」法性より流出した仏となっている。

「分別心」　六と七の二識の妄分別をいう（【小田】六七八頁）。

「陰界入解脱」　五蘊と十八界と十二処（あらゆる存在物の分類法）と八解脱（八種の解脱法）。

「無色三摩抜堤」　三摩抜堤はサンスクリット語の samāpatti の音訳、禅定のこと。外道の禅定は四禅四無色の八定であるが、その中の上位の無色定のみ挙げる。

「攀縁《へんねん》」妄想や執着に対する執着。

ロ『五秘密経』の説く法身説法

【要旨】

『五秘密儀軌』の文を取り上げ、顕密二教の成仏の遅速を紹介し、灌頂壇に入ることにより、初めて密教の心髄を体得することができることが述べられ、顕教では言葉で表現しえないといわれる覚りの境地が、密教では可能であることを明かす。


【現代表現】

『金剛頂五秘密経』（【大正】二〇・五三五中）に次のように説かれている。

「顕教によって修行する者は、無数劫という無限の時間の単位を三倍もする永い年月をかけてやっとこの上もない覚りに到達することができる。だが、修行の途中でも幾度も進んだり、後戻りしたりする。たとえば菩薩の修行過程の第七地にたどり着いて、それまで集めた物質的な功徳である福徳や、精神的な功徳である智慧を、未熟な声聞や縁覚の修行の成果の方に廻わしてしまい、本当の覚りに到達することができないでいる。

(以下は密教入門の秘法である灌頂の儀礼に触れるために不読段とされる。)

だが毘盧遮那仏が自受用身《じじゅゆうじん》でもって説かれた、ご自身が体得された覚りの内容、さらに大普賢金剛薩埵が他に教えを示す身体で身に付けられた方便智の働きにより、行者は現世において曼荼羅に行者を導き入れる阿闍梨と出逢い、曼荼羅に入ることができて、受戒の儀礼に必須の羯磨《こんま》を授かる。ついで阿闍梨は普賢の覚りの境地に住して、行者すなわち受法の弟子を加持して、その身中に金剛薩埵を引き入れ、弟子自身を金剛薩埵そのものにならせる。すると弟子は阿闍梨の不思議な力により間を置かず如来の加持力が作用して、数限りのないほど多くの三摩耶すなわち仏と行者とが本来的に平等で変わりがないことに気づき、限りない数の陀羅尼門、つまり密教の核心を身に付けることができる。

このように密教の不思議な法でもって弟子の自我に執着する生まれつき持つ種子《しゅうじ》を、根本的に変えてしまって、並みの生涯であれば無限の歳月をかけて積み重ねねばならぬ物質的あるいは精神的な功徳を、時を選んで弟子の身中に呼び込み、その弟子を仏の家に生まれ変わらせることができる。

それ以後、弟子は灌頂壇に入り、曼荼羅をチラッと見ただけで、そのまま金剛界の種子が植え付けられ、その具体的な形として灌頂を受けたしるしである金剛の付いた名前を授かる。それ以後、広大で甚深な不可思議の法を受け取り、声聞・縁覚など二乗とか、大乗の十地の修行の成果とは比べものにならない境地に到達することができる」と（以上で不読段は了）。

以上について、私（空海）の見解をさしはさめば、顕教の説く、言葉の領域を超え、心を滅し去った言葉で表現しえぬ境地とは、そのまま法身である毘盧遮那仏のご自身の覚った境地でもある。このことについて『瓔珞経《ようらくきょう》』に、「毘盧遮那《びるしゃな》は理法身、盧遮那《るしゃな》は智法身、釈迦を化身《けしん》と名づける。それ故にこの『金剛頂経』が説く、毘盧遮那仏の自受用身が説く自身の覚りの聖なる教えとは、理法身と智法身の境地そのものである」と述べられている。

【読み下し文】

『金剛頂五秘密経《こんごうちょうごひみつきょう》』に説かく。

「若し顕教に於いて修行する者は、久しく三大無数劫《さんだいむしゅこう》を経て、然して後に無上菩提を証成《しょうじょう》す。其の中間《ちゅうげん》に於いて十進九退す。或いは七地を証して、所集《しょじゅう》の福徳智慧を以て、声聞・縁覚の道果に廻向して、仍《なお》し無上菩提を証すること能わず。

若し毘盧遮那仏自受用身《じじゅゆうじん》所説の内証自覚聖智の法、及び大普賢金剛薩埵の他受用身の智に依らば、則ち現生《げんじょう》に於いて曼荼羅阿闍梨に遇逢《あ》い、曼荼羅に入ることを得て、羯《こん》磨《ま》を具足することを為し、普賢三摩地を以て金剛薩埵を引入して其の身中《しんじゅう》に入《い》る。加持の威徳力に由るが故に、須臾《しゅゆ》の頃《あいだ》に於いて、当に無量の三昧耶、無量の陀羅尼門を証すべし。

不思議の法を以て、能く弟子の倶生《くしょう》の我執の種子を変易《へんにゃく》して、時に応じて身中に一大阿僧祇劫《あそうぎこう》の所集《しょじゅう》の福徳智慧を集得《じっとく》しつれば、則ち仏家《ぶっけ》に生在《しょうざい》すと為。纔《わずか》かに曼荼羅を見るときは、則ち金剛界の種子を種《う》えて、具《つぶさ》に灌頂受職《かんじょうじゅしき》の金剛名号《みょうごう》を受く。此れより已後《いご》、広大甚深不思議の法を受得《じゅとく》して、二乗十地《にじょうじゅうじ》を超越《ちょうおつ》す」と。

喩して曰く、顕教所談の言断心滅《ごんだんしんめつ》の境と者、所謂、法身毗盧遮那内証智《ほっしんびるしゃなないしょうち》の境界《きょうがい》なり。若し『瓔珞経《ようらくきょう》』に依らば、毗盧遮那は是れ理法身《りほっしん》、盧遮那《るしゃな》は則ち智《ち》法身、釈迦をば化《け》身《しん》と名づく。然れば則ち、是の『金剛頂経』所談の毗盧遮那仏自受用身《じじゅゆうじん》所説の内証自覚聖智《しょうち》の法と者、此れ則ち理智法身の境界なり。


【用語釈】

「金剛頂五秘密経」　不空訳、一巻、具名『金剛頂瑜伽金剛薩埵五秘密修行念誦儀軌』、略名『五秘密儀軌』。『金剛頂経』の十八会のうち第六会、第七会、第八会と関係する『理趣経』系の儀軌。「若し毘盧遮那仏自受用身所説（中略）二乗十地を超越す」までは『即身成仏義』にも引用されている（【定弘】三・二六―二七）。ただし最後の数行は若干異なる。この間の用語釈は重複を避けてここでは省略した。詳細は『訳注　即身成仏義』（一四五―一四七頁）参照されたい。

「大普賢金剛薩埵」　密教では普賢菩薩が金剛薩埵となって大日如来から受法するため、普賢と金剛薩埵は同体と見なされるようになる。ここではそれを大普賢と称する。

「瓔珞経」現行の竺仏念訳の『瓔珞経』十四巻本（【大正】六五六番）には、前掲の文は存在しない。伝統的な教学者は未渡の別本か（【杲宝】四八四下―四八五上）との意見もある。【栂尾】（四二六頁注⑥）は慈恩大師の『法苑義林章』第七（【大正】四五・三七二中）等に「瓔珞経に曰わく」としてこの引用文があることを突き止め、『瓔珞経』に異本があったらしいと推定している。現代の研究者もおおむねこの説を継承している。

ハ　『瑜祇経』の説く法身説法

【要旨】

以下の3と4の二段は『瑜祇経』から二文、『聖位経』から一文を引用し、これらの経典に説かれる法身説法の思想が、前述の顕教経典である『楞伽経』の記述とも一致することを、法身説法の文証として示す。

【現代表現】

また『瑜祇経』（【大正】一八・二五三下―二五四上）に次のような取意の文がある。

「金剛界の遍照如来すなわち金剛界大日如来は、金剛界の五智よりなる四種の法身をもって、時空を超えた住処である金剛界の金剛心殿の中で、自身から流出した諸々の眷属を始めとして、極めて微細な法身の秘密の覚りの境地にあり、顕教の修行段階である十地をはるかに超えた、そのような境地にある身語心の金剛と共に住しておられた」云々。

また同じく、

「顕教の菩薩たちはこのような覚りの境地を、見ることもできなければ、それを誰一人として覚ることもできない」云々。

【読み下し文】

又た『金剛頂瑜祇経《こんごうちょうゆぎ》』に云《いわ》く。

「金剛界遍照如来、五智所成の四種法身《ししゅほっしん》を以て、本有《ほんぬ》金剛界金剛心殿の中《うち》に於いて、自《じ》性所成《しょうしょじょう》の眷属、乃至、微細法身《みさいほっしん》の秘密心地《しんじ》の十地《じゅうじ》を超過せる身語心の金剛と与《とも》なりき」等と云々。

又た云く。

「諸地の菩薩も能く見ること有ること無し。倶に覚知《かくち》せず」と云々。

【用語釈】

「瑜祇経」　金剛智訳『金剛峯楼閣一切瑜伽瑜祇経』（【大正】一八・八六七番）の略称。

「五智」　金剛界の五仏が具え持つ五種の仏智、法界体性智（大日如来）、大円鏡智（阿閦如来）、平等性智（宝生如来）、妙観察智（阿弥陀如来）、成所作智（不空成就如来）、これら五仏はそれぞれ五智のうちの一つの智慧を具え持つところから、五智如来ともいわれる。

「四種法身」　自性法身、受用法身、変化法身、等流法身、その内容は次章で詳述される。

「本有」　時空に制約されず、本来的に存在すること。

「微細」　仏の世界に属し、肉眼では見えない極めて微小な物体。

二　『分別聖位経』の説く法身説法

【現代表現】

また『分別聖位経』（【大正】一八・二八八上）に次のように述べられている（この段も不読段とされる）。

「（法身大日如来の）自受用法身仏《じじゅゆう》は、その心随《しんずい》、つまり中核部から（金剛界三十七尊を首《しゅ》とする）無量の菩薩聚を流出される。したがって各尊は皆同一の性を具え、いずれも金剛の本性からなっている。これらの諸仏諸菩薩は、他に説き明かすのではなく、自らの楽しみだけのために、それぞれの尊が自ら覚った密教の教えをお説きになるのである云々」と。

以上の境地は自性（法身）の理法身と、自受用（法身）の智法身の境地を示したものである。

法身は自らの楽しみのために、自身が覚った境地を説く。先に挙げた『楞伽経』が説く「法身は自身の覚りの境地を説き、応化身はそれを説かない」という文と（密教の法身説法の説とは）ぴったり一致している。法身が説く自身の覚りの境地は、一般仏教の人々が説くことができないといわれる境地そのものである。

智慧ある人であれば、以上のような経文をほんのちょっと覗き見るだけで、法身の説法についてそれまで抱いていた疑念がすっかり解消される。閉ざされていた鍵が自然に開き、井戸の中に潜んでいた魚たちが自由に大海に泳ぎ出し、駕籠の中に閉じ込められていた鳥たちが大空高く飛び立ち、生まれつき眼の見えない人が乳の本当の色にすぐさま気づき、無限の歳月を経た大昔から続いた暗夜に急に日光が差し掛けるようになるであろう。

【読み下し文】

又た『分別聖位経《ふんべつしょういきょう》』に云く、

「自受用仏は、心《しん》より無量の菩薩を流出《るしゅつ》す。皆、同一性《どういつしょう》なり。謂《いわ》く金剛の性なり。是《かく》の如くの諸仏菩薩は、自受法楽《じじゅほうらく》の故に、各《おのおの》自証の三密門を説きたまう」云云。

是くの如く等は、並びに是れ自性自用の理智法身の境なり。是の法身等は、自受法楽の故に、此の内証智の境界を説きたまう。彼の『楞伽』の「法身は、内証智の境を説き、応化は説かず」という文と冥《はる》かに会《かな》えり。此れ則ち顕教の絶離する所の処なり。

若し有智《うち》の人《にん》、纔かに斯の文《もん》を目《み》ば、雲霧《うんぶ》、忽《たちま》ちに朗らかんじて、関鑰《かんやく》自《おのずか》ら開けん。

井底《せいてい》の鱗《いろくず》、逸《ほしいまま》に巨海に泳ぎ、藩籬《はんり》の翼《つばさ》、翔《たか》く寥廓《りょうかく》に飛ばん。百年《はくねん》の生盲《しょうもう》、乍《たちま》ちに乳《にゅう》の色を辯《わきま》え、万劫《まんごう》の暗夜、頓《とん》に日光を褰《かか》げん。

【用語釈】

「自受法楽」　密教では自性法身は説法しないが、自受用身として説法する。それでは誰のために説法するかといえば、説法の対象者はいない。自分自身のためだけに、自身の法の楽しみのために説法するという。

「自性自用理智法身」　自性は理法身、自用は自受用の智法身をいう。

15　法身説法とは何か――四種法身の説明

【要旨】

以下に『聖位経』のほぼ全文を取り上げ、真言陀羅尼宗は、仏の覚りそのものを受け継ぐ奥深い教えであることを述べ、その教えは四種法身に凝縮されているとして、四種法身の典拠を示して、その内容を個別的に述べる。ただし真言陀羅尼宗の覚りの内容と、方法が叙述されているために、古来「不読段」とされる。

【現代表現】

『金剛頂分別聖位経』（【大正】一八・二八七下―二八八上）には、

「真言陀羅尼宗とは、一切如来のもっとも奥深い教えで、仏が自ら覚り到達した聖なる智慧を修し身に付けられた教えである。それとともに一切如来が数限りなく集合しておられる灌頂の壇に入って、仏の覚りを直接継承した菩薩が与えられた灌頂の位を受け取り、迷いの世界（欲・色・無色の三界）を乗り越え、仏の教えを直接授かって得た覚りの境地のことである。灌頂を通してこのような因縁を身に付ければ、極めて迅速に功徳の極めて大きい智慧を集め無上の覚りを体現して、そこから後戻りするようなことは起こらない。このような境地に到達すれば、害を加えようとする天魔を降服させ、あらゆる煩悩とさまざまな罪障から脱がれ、念ずるたびにこれらの罪や咎を消し去って、仏の四種（法身）を自らの身に付けることができる。四種の法身とは、自性身《じしょうしん》・受用身《じゅゆうじん》・変《へん》化身《げしん》・等流身《とうるしん》である。それだけではなく五智如来の智慧ないし金剛界三十七尊の智慧などの一般仏教では得られない仏の覚りの境地を余さず自分のものとすることができる」と説かれている。

〈以上、我々の教え、すなわち密蔵の梗概を披歴した。〉

イ　変化身の説法

さて如来の変化身とは、中インドのマガダ国にある菩提道場（現在のブッダガヤの菩提樹下）において、覚りを開かれた後に、大乗仏教の修行階梯である十地にまだ到達していない初心の菩薩とか、小乗の声聞・縁覚や凡夫のために、三乗の法を説かれたのである。それには仏自身の意志にそぐわない場合もあり、また仏の意志に基づいた教えも含まれている。さまざまな宗教的な素養を持った人々が、それぞれに見合った仏の教えに従い修行すれば、人や天人の住む世界において現世の利益を得、あるいは声聞・縁覚・菩薩といった三乗の人々が得る解脱を始めとする出世間の利益を得ることができる。その修行は一進一退し、覚りを得るのに三無数大劫というような無限の歳月をかけての修行が必要とされ、さまざまな苦労を重ねてやっと仏に成ることができる。

変化身たる釈迦はカピラ城内の王宮にお生まれになり、クシナガラの沙羅双樹《さらそうじゅ》の下で涅槃《ねはん》に入られ、火葬されたために舎利（遺骨）を残された。その舎利を祀る塔を建立し供養すれば、人間界、天上界における勝れた果報を得るだけではなく、自身もまた安らかな涅槃に入るための種子を得たという感触が得られる。

〈以上、釈迦如来の教えと、その功徳の略述である。〉

ロ　他受用身の説法

報身《ほうしん》の毘盧遮那仏すなわち他受用法身《たじゅゆうほっしん》が、現実世界に含まれる色界《しきかい》の最上頂にある阿迦尼吒天宮《あかにたてんぐう》において、雲のように集まってきた虚空を満たすような法界に満ち溢れた一切の仏とか、大乗仏教の十地の修行を成し遂げた諸大菩薩を証《あか》しとして、その諸菩薩の身心を覚醒させて、速やかにそれ以上ない覚りに至らせるのであるが、それは前述の変化身の説法ではない。

〈以上は他受用身の説法と、その功徳を表したものである。〉

ハ　自性身・自受用身の説法

自受用の毘盧遮那《びるしゃな》仏は自身の心随から無量の菩薩衆を流出されるが、それらの菩薩は同じく金剛《ダイヤモンド》のような不壊の性格を具え、その毘盧遮那仏から仏となる種子を受け継ぐ灌頂《かんじょう》の職位《しきい》を授かる。ついでこれらの菩薩はそれぞれ身口意の三密の教えを説いて、毘盧遮那仏を始め一切如来にそれを献上し、未来の衆生を利益するために、加持《かじ》と教勅《きょうちょく》を賜りたいと申し上げると、毘盧遮那仏は〈汝らよ、将来、限りなく多くの世界において最上の教えを修する者たちのために、世俗的また出世間的な悉地を、現世において成就させよ〉と仰せられた。

これらの菩薩は以上のような如来の教勅を受け終わり、それぞれが仏の足を礼拝し、毘盧遮那仏を取り囲んだ後に、各々の菩薩は曼荼羅の中の定位置に戻り、中央の毘盧遮那仏および中尊を取り囲む四仏、それらを合わせた五つの月輪となり、各尊はそれぞれの覚りの内容を具体的に示す金剛杵《こんごうしょ》や蓮華といった象徴物を所持されて坐しておられる。

もし誰かがこの曼荼羅を見たり、聞いたりしたり、曼荼羅の中の五つの月輪（五解脱《ごげだつ》輪《りん》という）に入るならば、その人は生きとし生ける者が地獄・餓鬼などの五種の悪しき生まれを輪廻し、そこで身に着けた生死に関する業の障りをよく断ち切って、この五解脱輪に居ます一仏から一仏までそれぞれの尊を供養しお仕えし、それぞれの尊からこの上ない覚りを得て、成仏することの決定した定めを完成させる。それはちょうど金剛の毀すことのできない性質とよく似ている。この五解脱輪は毘盧遮那を取り囲む聖衆が集会しておられる。それがすなわち仏塔（窣都婆塔）によって象徴される金剛界毘盧遮那如来でもある。それぞれの菩薩やそれぞれの金剛手、誰れもが各自の三昧の境地にあって、各々の覚りの境地に住しておられながら、人々を救済しようという願力をもって広く衆生の利益に務めておられる。誰かこのような諸尊のたたずまいを見たり、あるいはその説法を聞くならば、皆ことごとく深い瞑想の境地に入り、その功徳や智慧をたちまち集めて完成させることができる。〈以上は自性身、自受用身の説法とその利益である。〉

ここで私（空海）の意見を述べると、この『聖位経』には、自性・受用・変化の三身の説法の区別、さらには教えが浅いか深いか、成仏が遅いか速いかの違いについて明確に説かれている。この記述は先に挙げた『楞伽経』に説かれている三身の説法の内容とも一致している。顕教の学匠の方々はどなたも法身は説法しないと言われるが、それは間違っている。顕教と密教の違いは以上のようなものである。この点についてさらに考え、研究を重ねてほしい。

【読み下し文】

『金剛頂分別聖位経』に云く。

「真言陀羅尼宗と者、一切如来秘奥《ひおう》の教《きょう》、自覚聖智《しょうち》※修証《しゅしょう》の法門なり。亦た是れ一切如来の海会《かいえ》の壇に入《い》って、菩薩の職位《しきい》を受け、三界を超過して、仏の教勅を受くる三摩地門なり。是の因縁を具すれば、頓に功徳広大の智慧を集めて、無上菩提に於いて、皆退転《たいてん》せず。諸の天魔・一切の煩悩、及び諸の罪障《ざいしょう》を離れ、念念に消融《しょうゆう》して仏の四種身《ししゅじん》を証す。謂く自性身・受用身・変化身・等流身なり。五智・三十七等の不共《ふぐう》の仏の法門を満足す。〈此れは、宗の大意を標《ひょう》す。〉

然も、如来の変化身は、閻浮提、摩竭陀国《まかだこく》の菩提道場に於いて等正覚《とうしょうがく》を成《じょう》じ、地前《じぜん》の菩薩・声聞・縁覚・凡夫の為に三乗の教法《きょうぼう》を説き、或いは他意趣《たいしゅ》に依って説き、或いは自意趣に依って説きたまう。種種の根器《こんぎ》、種種の方便をもって説の如く修行すれば、人天《にんでん》の果報を得、或いは三乗解脱の果を得、或いは進み、或いは退いて、無上菩提に於いて三無数大劫《さんむしゅだいこう》に修行し、勤苦《ごんく》して方《まさ》に成仏することを得。

王宮《おうぐう》に生じ、双樹《そうじゅ》に滅して身《しん》の舎利を遺《のこ》す。塔を起てて供養すれば、人天勝妙の果報、及び涅槃の因を感受す。〈此れは略して釈迦如来の教、及び得益《とくやく》を表す。〉

報身《ほうしん》の毗盧遮那の色界頂第四禅《しきかいちょうだいしぜん》、阿迦尼吒天宮《あかにたてんぐう》に於いて、雲集《うんじゅう》せる尽虚空遍法界《じんこくうへんぽっかい》の一切の諸仏、十地満足の諸大菩薩を証明《しょうみょう》として、身心《しんじん》を驚覚して、頓《とん》に無上菩提を証するには同ぜず。〈此れは他受用身の説法得益を表《ひょう》す。〉

自受用仏は、心《しん》より無量の菩薩を流出《るしゅつ》す、皆同一性なり。謂く金剛の性なり。遍照如来に対して灌頂の職位《しきい》を受く。彼等の菩薩、各《おのおの》三密門を説いて、以て毗盧遮那、及び一切如来に献《ごん》じて、便《すなわ》ち加持《かじ》教勅《きょうちょく》を請ず。毗盧遮那仏の言《のたま》わく、汝等《なんだち》、将来に無量の世界に於いて、最上乗者の為に、現生《げんじょう》に世出世間の悉地成就を得しむべしと。

彼の諸の菩薩、如来の勅を受け已って仏足《ぶっそく》を頂礼《ちょうらい》し、毗盧遮那仏を囲繞し已って、各《おのおの》本方本位《ほんぽうほんに》に還って五輪と成為《な》りて、本幖幟《ほんひょうじ》を持せり。

若しは見、若しは聞き、若しは輪壇《りんだん》に入りぬれば、能く有情の五趣輪転《ごしゅりんでん》の生死《しょうじ》の業障《ごっしょう》を断じ、五解脱輪の中に於いて、一仏より一仏に至るまで供養承事《じょうじ》して、皆、無上菩提を獲得《ぎゃくとく》して、決定《けつじょう》の性《しょう》を成ぜしむ。猶《なお》し金剛の沮壊《そえ》すべからざるが如し。此れ即ち毗盧遮那聖衆《しょうじゅう》の集会《しゅうえ》なり。便《すなわ》ち現証窣都婆塔《げんしょうそとわとう》と為る。一一の菩薩、一一の金剛、各《おのおの》本三昧《ほんさんまい》に住して、自解脱《じげだつ》に住す。皆、大悲願力《だいひがんりき》に住して、広く有情を利す。若しくは見、若しくは聞くものは、悉く三昧を証して、功徳智慧、頓集《とんじゅう》成就す。〈此れは自性身《じしょうじん》、自受用身《じじゅゆうじん》の説法、及び得益《とくやく》を説く〉」と。

喩して曰く。此の経に明らかに三身《さんじん》の説法の差別浅深《しゃべつせんじん》、成仏の遅速勝劣を説けり。彼の楞伽の三身説法の相と義合《かな》えり。顕学《けんがく》の智人《ちにん》、皆法身は説法せずと謂《い》う。此の義然らず。顕密二教の差別《しゃべつ》此《かく》の如し。審《つまび》らかに察し、審らかに察せよ。

※『分別聖位経』（【大正】一八・二六七下）では、修証が頓証となっている。

【用語釈】

「金剛頂分別聖位経」　具名『略述金剛頂瑜伽分別聖位修証法門』、略名『分別聖位経』不空訳、安然の『八家秘録』等には、不空集とある。金剛界三十七尊の聖位を中心に『金剛頂経』の広本より要義を選出して編纂した経典とされる。

「真言陀羅尼宗」　真言や陀羅尼の真理を中核とする教え。ただしこの時点ではまだ一宗派としての組織は形成されていない。

「修証の法門」『分別聖位経』【大正】（一八・二八七下）では「頓証の法門」とあるが、【弘全】【定弘】に従い、訂正せず。

「海会の壇」　海に多くの河川が流れ込むように一切の如来が集合する灌頂壇。

「三摩地門」　三摩地はサンスクリット語の samādhi の音訳、精神集中する瞑想の意味であるが、その結果としての覚りの境地を指す。そういった教えのこと。

「閻浮提」　サンスクリット語の Jambu-dvīpa の音訳。須弥山を囲む地域の南に位置する州で、一般にはインド国を指す。

「摩竭陀国」　サンスクリット語の Magadha の音訳。中インドに位置する国。

「菩提道場」　覚りを開いた道場のことであるが、釈尊の事績から現在のガヤ（Gaya）市（仏の成道にちなみ、Buddhagaya、ボドガヤともいわれる）にある菩提樹下を指す。

「地前の菩薩」　大乗仏教の修行段階の一である十地にいまだ到達せぬ菩薩。

「三乗」　小乗仏教の声聞と縁覚、それに大乗仏教を加えた三種の乗り物。

「根器」　根は宗教的な素質をいう機根の略、その器たる能力。

「阿迦尼吒天宮」　サンスクリット語の Akaniṣṭa 天の宮殿。

「五輪」　中央に毘盧遮那仏とそれを取り囲む四仏それぞれ月輪によって囲まれている。五解脱輪ともいう。

「本幖幟」　各自が持つ本来の象徴物。

「現証窣都婆塔」　現証は各自が本来持つ法身を覚ること。窣都婆はサンスクリット語の sutūpa の音訳。塔のことで、大日如来の象徴と見なされるようになる。

16　法身説法の典拠と説明

【要旨】

法身の説法について、その典拠となる経典を取り上げ、その内容について詳述する。経典を引用しつつ、その中の重要な語句について密教の立場からの解釈を加え、法身の説法という斬新な思想を大乗仏教の中に位置づける操作を行う。

イ 『瑜祇経』の説く法身説法

（1） 五智と四種法身の名称

【現代表現】

金剛智訳『金剛頂一切瑜祇経《こんごうちょういっさいゆぎきょう》』（【大正】一八・二五三下―二五四上）に、「時空を超越した、とある一時《ひととき》、世にも尊き金剛界の大日如来〈これは全体の尊を代表して大日如来を挙げ、諸尊の徳を讃嘆する〉五智からなる四種法身〈その中、五智とは、一に大円鏡智《だいえんきょうち》、二に平等性智《びょうどうしょうち》、三に妙観察智《みょうかんざつち》、四に成所作智《じょうそさち》、五に法界体性智《ほうかいたいしょうち》である。これは五方に位置する仏であり、この順に東・南・西・北・中に配するがよい。四種法身とは、一には自性身《じしょうしん》、二には受用身《じゅゆうじん》、三には変化身《へんげしん》、四には等流身《とうるしん》である。これら四種の身には、竪《たて》と横《よこ》の二つの意味が含まれている。横というのは自利のことで、竪というのは利他のことである。詳しいことは資格を持つ良き師に聞くがよい。〉

【読み下し文】

『金剛頂一切瑜祇経』に云く。

「一時、薄伽梵《ばくがぼん》金剛界遍照如来〈此れは総句を以て、諸尊の徳を歎ず〉、五智所成の四種法身を以て〈謂く、五智と者、一には大円鏡智、二には平等性智、三には妙観察智、四には成所作智、五には法界体性智なり。即ち是れ五方の仏なり。次いでの如く、東南西北中に配して之れを知れ。

四種法身と者、一には自性身、二には受用身、三には変化身、四には等流身なり。此の四種身に竪横の二義を具せり。横《おう》は、則ち自利、竪《しゅ》は、則ち利他なり。深義《じんぎ》は、更に問え。〉

【用語釈】

「一時」　永遠の時間の中での、とあるひと時。

「薄伽梵」　サンスクリット語の bhagavat（めでたきものを所有する尊者）の単数主格形 bhagavān の音訳。世尊と訳す。

「遍照如来」　サンスクリット語の vairocana-tathāgata の意訳、大日如来とも訳す、音訳では毘盧遮那如来、ただし「如来」は意訳。
〈　〉内の語は原漢文では細字。

（2）法身の住所

【現代表現】

時空を超越した金剛界〈これは本性として具有する徳である法界体性智《ほうかいたいしょうち》を明かす〉、生きとし生ける者を観察し、これらを救済しようとする、何ものにもとらわれぬ自在な三昧耶《さんまや》（誓い）を持ち〈妙観察智《みょうかんざつち》の徳を表す〉、衆生が本来的に具え持つ本源性の平等面を探り〈平等性智《びょうどうしょうち》〉、大菩提心を象徴する普賢菩薩の満月に住するもの〈大円鏡智《だいえんきょうち》〉が、金剛《ダイヤモンド》のように絶対に破壊することのできない光明に満ちた宮殿の中で、〈金剛のように絶対に破壊することのないとは、総体的に言えば諸尊の永遠に保持されている身体を賛嘆することである。光明心とは心が覚りに到達しているという徳を賛嘆している。中殿とは身体と精神が共に主となり、従となって主客一体となっていることを明かす。中とは三密のうちの語密であり、両極端を離れていることである。以上が三密である。ものごとの判断基準でいわれる生、滅、不生不滅、亦生亦滅《やくしょうやくめつ》、非生滅非不生滅といった五種の偏った考えを超え、百度の否定論からも離れ、独り非中の中道に徹する。この境地は大乗仏教の修行段階の最高位にある等覚とか十地の菩薩さえ見たり聞いたりすることができない、法身が自ら覚る境地であり、これが成所作智《じょうそさち》である。身口意の三密の働きは皆このような境地から起こる。

以上の五句は総じていえば（五仏の）住まわれる場所を明らかにしたものである。これら住所の名称はそのまま五仏の秘せられた名前であり、それぞれの徳を表している。それらの奥深い意味については、各自が心得ておくがよかろう。〉

【読み下し文】

本有金剛界〈此れは性徳法界体性智を明かす〉、自在大三昧耶〈此れは則ち妙観察智〉、自覚本初《じかくほんじょ》〈平等性智〉、大菩提心普賢満月〈大円鏡智〉、不壊《ふえ》金剛光明心殿の中《うち》に於いて〈謂く、不壊金剛と者、総じて諸尊の常住の身を歎ず。光明心と者、心の覚徳を歎ず。殿と者、身心互いに能住・所住と為ることを明かす。中と者、語密、亦た離辺の義なり。

此れは是れ三密なり。彼の五辺・百非を離れて、独り非中の中に住す。等覚十地も見聞することと能わず。所謂、法身自証の境界なり、亦た是れ成所作智なり。三密の業用、皆此れより生ず。

已上の五句は、総じて住処を明かす。住処の名は、則ち五仏の秘号妙徳なり。密意知んぬべし。〉

【用語釈】

「本有」　時空を超えて生まれながらに所有するもの。

「本初」　時間、空間という相対性をことごとく超越した本源的な最初。

「五辺」　五種の判断基準。すなわち生、滅、不生不滅、亦生亦滅、非生滅非不生滅。

「等覚」　十地の上に、等覚と妙覚があり、合わせて四十二地。

「十地」　大乗菩薩の修行階梯の四十地の最終に位置する十段の過程。

【補注】

五智・五仏の特性と方位を図示すれば次のようになる。

阿閦（akṣobhya）如来　大円鏡智（万象を映す鏡の如き包容力のある智慧）　東
宝生（ratnasaṃbhava）如来　平等性智（万物共通の性質を見抜く智慧）　南
阿弥陀（amitābha）如来　妙観察智（万物の特異な性質を見抜く智慧）　西
不空成就（amoghasiddhi）如来　成所作智（万物の活動を支え保つ智慧）　北
摩訶毘盧遮那（mahāvairocana）如来　法界体性智（超時空・総体的な智慧）　中

（3）法身の眷属

【現代表現】

（以上に述べた金剛界毘盧遮那を始めとする五仏は）自らより流出した眷属である金剛手を首とする十六大菩薩と、四摂《ししょう》行《ぎょう》の天女使、内外《ないげ》の八供養金剛の天女使などと共に住まわれている。それぞれの尊は、本来的に持つ加持力によって、各自が定まった金剛の月輪《がちりん》に住まわれるとともに、各尊の覚りの境地を象徴的に示す金剛杵《こんごうしょ》とか宝石などの法具をお持ちになっておられる。これらはすべて極めて微細《みさい》な法身の秘されている覚りの境地であり、菩薩の修行段階である十地をはるかに超えた各尊の身体・言語・意志の永遠で堅固な特性を象徴的に示している。〈以上は根本となる自性法身の曼荼羅に居ます内眷属の三十七尊が持つ、それぞれの智を表す。〉

これら三十七尊の各々が放つ五智の光明が輝く金剛杵の先端から五億倶胝《くてい》というほど無数の極めて細かい金剛の智が放出されて、虚空に満ち溢れ、大宇宙に充満している。その光明は大乗仏教の修行者では見ることができず、誰もが知ることもできない。そして強い力で燃えさかる光明の自在の威力を具えている。

〈以上のことは三十七尊に宿された根本の五智それぞれが、ガンジス河の砂粒ほど無数の徳を具えていることを明らかにしたものである。このことについて次第を追っての説明は、具体的には『聖位経《しょういきょう》』（【大正】一八・二八七下―二九一下）と『金剛頂瑜《こんごうちょうゆ》伽《が》三十《さんじゅう》七尊出生義《しちそんしゅっしょうぎ》』（【大正】一八・二九七下―二九九上）に記されているが、本源的なありようから言えば、すべての尊がもともとこれらの徳を具え持っているということである。〉

【読み下し文】

自性所成の眷属、金剛手等の十六大菩薩及び四摂《ししょうぎょう》行の天女使、金剛内外の八供養の金剛天女使と与《とも》なり。各々に本誓加持《ほんぜいかじ》を以て、自ら金剛月輪《がちりん》に住し、本三摩地幖幟《ひょうじ》を持せり。皆以て微細法身《みさいほっしん》秘密心地《しんじ》の十地《じゅうじ》を超過せる身語心の金剛なり。〈此れは、三十七の根本自性法身の内眷属の智を明かす。〉

各《おのおの》五智の光明峯杵《ぶしょ》に於いて、五億倶胝《ごおくくてい》の微細金剛を出現して、虚空法界に遍満せり。諸地の菩薩も能く見ること有ること無し。倶に覚知せず。熾然《しねん》の光明自在の威力《いりき》あり。〈此れは、三十七尊の根本五智に各恒沙の性徳を具することを明かす。若し次第に約すれば、出現の文有り。若し本有に拠らば、倶時に是の如くの諸徳を円満す。〉

【用語釈】

「本誓加持」　諸尊が三密に加持された金剛の五智の徳をもって、生きとし生ける者を永遠に加持すること。

「幖幟」　シンボル、三昧耶形ないし印契をいう。

「五智の光明峯杵」　五智を象徴する五鈷金剛杵。

現図曼荼羅成身会三十七尊配置図

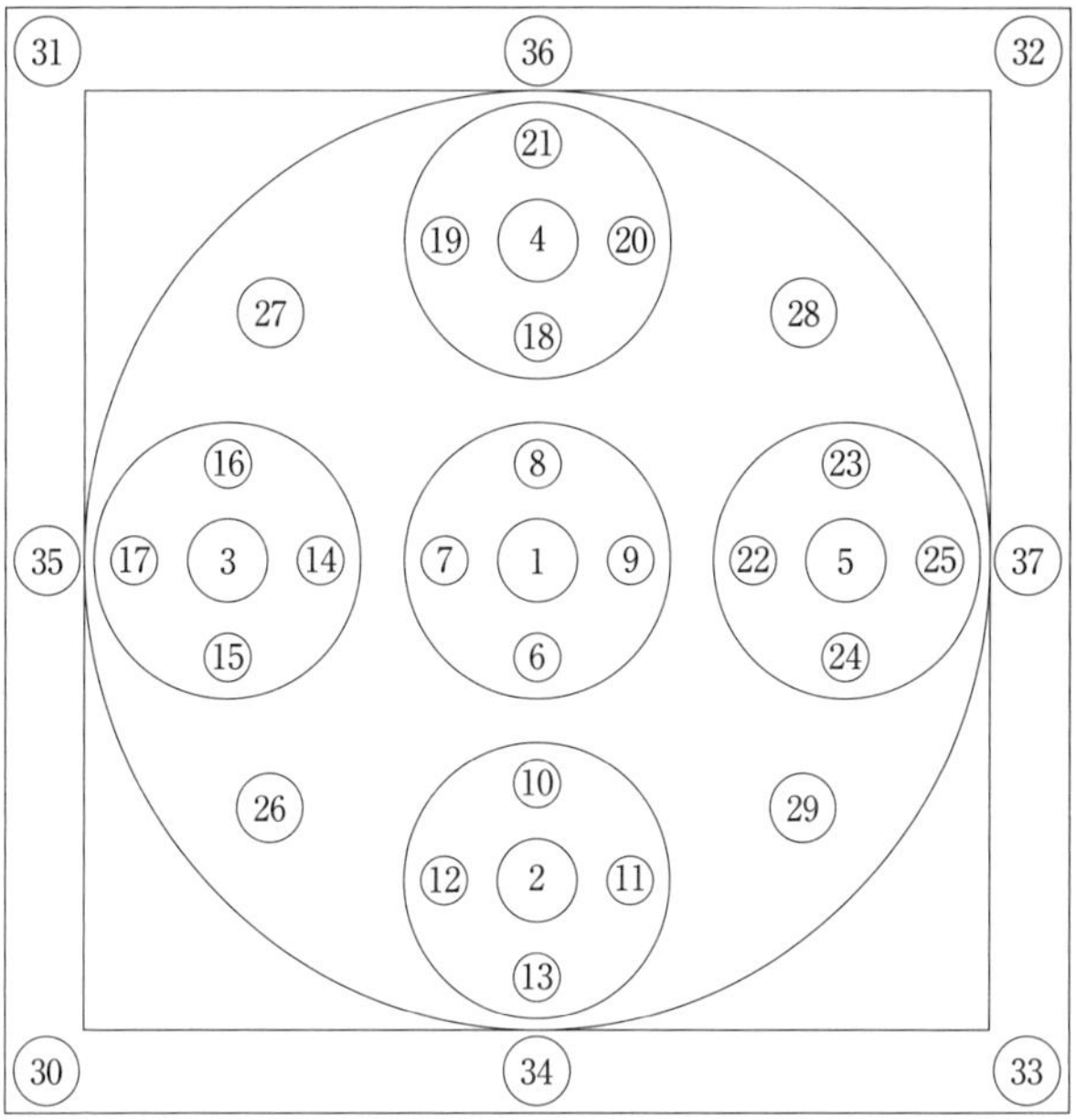

金剛界三十七尊名

五仏
1 大日如来
2 阿閦如来
3 宝生如来
4 阿弥陀如来
5 不空成就如来

四波羅蜜菩薩
6 金剛波羅蜜菩薩
7 宝波羅蜜菩薩
8 法波羅蜜菩薩
9 羯磨波羅蜜菩薩

十六大菩薩
10 金剛薩埵菩薩
11 金剛王菩薩
12 金剛愛菩薩
13 金剛喜菩薩
14 金剛宝菩薩
15 金剛光菩薩
16 金剛幢菩薩
17 金剛笑菩薩
18 金剛法菩薩

十六大菩薩
19 金剛利菩薩
20 金剛因菩薩
21 金剛語菩薩
22 金剛業菩薩
23 金剛護菩薩
24 金剛牙菩薩
25 金剛拳菩薩

内四供養菩薩
26 金剛嬉菩薩
27 金剛鬘菩薩
28 金剛歌菩薩
29 金剛舞菩薩

外四供養菩薩
30 金剛(焼)香菩薩
31 金剛花菩薩
32 金剛灯(明)菩薩
33 金剛塗(香)菩薩

四摂菩薩
34 金剛鉤菩薩
35 金剛索菩薩
36 金剛鎖菩薩
37 金剛鈴菩薩

「倶胝」　サンスクリット語の koṭi の音訳、数量の限りなく多いことを表す。
「恒沙」　ガンジス河の砂粒ほどの多数を表す言葉。

（4）法身の教化

【現代表現】

上述の法身の主とその眷属を合わせた三十七尊は、過現未の三世において常に壊れることのない堅固な化身となって生きとし生けるものの利益を図り、少しの間も休息されることはない。〈ここでいう「三世」とは身と語と意の三密のことである。「不壊」とは、ダイアモンドのように破壊されないほど強固なという意味を表している。化身の「化」とは、活動するはたらきをいう。要するに永遠不断に金剛のように堅固な身口意の三密の働きによって、過現未の三世にわたり、自己と他者のいずれも生きとし生けるものに仏法のすばらしい功徳を受けさせることをいう。〉

金剛《ダイヤモンド》の自性〈阿閦《あしゅく》仏の象徴〉と、光明の遍照〈宝光仏すなわち宝生《ほうしょう》仏の象徴〉と、清浄にして不壊〈阿弥陀仏である清浄法界身の象徴〉と、種々の業用《ごうゆう》〈不空成就仏である羯磨智身《かつまちしん》の象徴〉と、方便と加持〈方便として菩提と関わる自受用身と、加持による他受用身を併せ持つ象徴すなわち大日如来〉をもって生きとし生ける者の救済に当たる〈大慈悲の徳に相当する普賢菩薩《ふげんぼさつ》〉と、金剛乗《こんごうじょう》すなわち密教を説かれる〈説法の徳を持つ弥勒菩薩《みろくぼさつ》〉と、唯一の金剛の智慧〈整った壇のような徳を持つ文殊菩薩《もんじゅぼさつ》〉と、よく煩悩を断つ。〈鋭い智慧の徳を持つ除蓋障菩薩《じょがいしょうぼさつ》とである。以上の九句は五種の智慧の象徴である五仏と、四種の徳を持つ四菩薩について語っている。また一々の仏の象徴、つまり三摩耶形や印契にそれぞれ四種の徳を具えている。これらの仏は法の楽しみを受用するために、金剛のような壊れることのない智慧を具えた金剛一乗の教えを永遠に説き続けられている。〉

以上のような極めて深い秘密の覚りの境地にあって、普賢菩薩の自性をもって、常に三世に住する法身仏が、自らより流出した眷属たちを自らの内容として包摂している。〈このことは自性法身が自らの眷属である諸仏諸菩薩を包摂していることを明らかにしたものである。さらにまた自の眷属を挙げて、他の眷属のことも兼ねている。〉

【読み下し文】

常に三世に於いて、不壊《ふえ》の化身《けしん》をもて有情を利楽《りらく》して、時として暫くも息《や》むこと無し。〈謂く、三世と者三密なり。不壊というは金剛を表す、化と者業用なり。言く。常に金剛の三密の業用を以て、三世に亘って自他の有情をして妙法の楽を受けしむ。〉

金剛自性〈阿閦仏の印〉と光明遍照〈宝光仏の印〉と清浄不壊《しょうじょうふえ》〈清浄法界身の印〉と種種の業用《ごうゆう》〈羯磨智身の印〉と方便加持〈方便受用身の印〉とを以て、有情を救度《くど》し〈大慈悲の徳なり〉、金剛乗を演《の》べたまう〈説法の智徳〉。唯一の金剛〈円満壇の徳、智慧なり〉をもて能く煩悩を断ず。〈鋭い智慧の徳なり。已上の九句は、即ち是れ五印四徳なり。一一の仏印に、各四徳を具す。自受用の故に、常恒に金剛智慧の一乗を演説したまう。〉

此の甚深秘密心地、普賢自性、常住法身を以て、諸の菩薩を摂す。〈此れは自性法身の自眷属を摂することを明かす。又た通じて他を摂す。自らを挙げて他を兼ねるなり。〉

【用語釈】

「金剛乗」　サンスクリット語はvajrayāna、小乗、大乗に対して優越する密教のこと。時には金剛界系の密教を指すこともある。

「五印」　五仏（五如来）。

「四徳」　四菩薩、この四菩薩に、二説あり。普賢・慈氏・文殊・除蓋障とする説と、観音・弥勒・普賢・文殊とする説。

（5）法身の浄土

【現代表現】

ただし以上に述べた仏国土はことごとくが法身の金剛のように壊れることの無い（主体的すなわち智の）性格と、清浄なる（客体的な真理すなわち理の）性格をあわせ持ち完成させた華でもって荘厳された密厳国土である。〈上述の文に注を加えると、密とは金剛のように壊れることのない身体と言語と意思の三密のことである。華とは覚りの境地が美しい華を開かせ、それらを敷き詰めることである。厳とはさまざまな仏徳を具えていることである。

要するに数限りない仏徳が塵の数ほど多い三密をもって仏の住まわれる浄土を荘厳している。これを曼荼羅と名づける。また金剛は主体的な智を表し、清浄は客体的な理を現し、自性は理智に通ずる。つまり三十七尊の各々が本来的に客体的な理と主体的な智を具えている。〉諸尊は大悲をもって六波羅蜜、五大願、十大願などの実践を願い、その行を完成しているので生きとし生ける者すべての物質的な、また精神的な満足度を完成させている。〈つまり上述の数限りない諸尊それぞれが普賢菩薩の行願である方便行を具え持っているのである。〉

【読み下し文】

唯《ただ》し、此の仏刹《ぶっせつ》は、尽《ことごと》く金剛自性《じしょう》清浄《しょうじょう》を以て成《じょう》する所の密厳《みつごん》華厳《けごん》なり。〈謂く。密と者金剛の三密なり、華と者開敷覚華《かいふかくげ》なり。厳と者種種の徳を具す。言く。恒沙の仏徳、塵数の三密を以て身土を荘厳する、是れを曼荼羅と名づく。又た金剛は智を表し、清浄は理を表し、自性は二つに通ず。言く。彼の諸尊に各自然の理智を具す。〉諸の大悲行願円満するを以て、有情の福智資糧の成就する所なり。〈謂く。上

に称する所の恒沙の諸尊に、各普賢行願の方便を具す。〉

【用語釈】

「普賢行願」『華厳経』行願品に説く十大願。

(6) 法身説法の総括

【現代表現】

〈法身とは〉五智の光明は常に過・現・未の三世に及び、暫くの間も休むことなく〈衆生教化に努める〉平等の智身である。〈五智とは、地・水・火・風・空の五大からなる覚りの智慧である。この五大の各々が覚りの智慧を具え持つ。三世とは、身・口・意の三密であり、法身仏の自性・受用・変化の三身のことである。暫くの間も休むことなくとは、諸仏が自と他を安楽にする活動を間断なく行うことをいう。平等の智身という中の、智とは、心の働きで、身とは、心の本体のことである。平等とは、それらが宇宙全体に遍満することである。

要するに五大からなる三密の覚りの印《しるし》はその数が無量で、身といい、心とか覚りといっても、仏・衆生・環境の三種世間に充満し、教化の働きを少しも休まず継続している。このような経典の一つ一つの文章とか句は、いずれも如来から発せられる秘密の信号である。声聞・縁覚などの二乗とか凡夫は、経典の句のおおよその意味だけ分かって、その字の奥深い意味がつかめず、ただ表面的な意味だけを理解して、文字本来の秘められた意味を知ることができない。世の学匠たちが密教経典をご覧になるときは、経典の文字の持つ隠れた深い意味を、顕教的な浅い理解でもって傷つけてはならない。金剛薩埵の覚りの境地を明かした『般若理趣釈』(不空訳【大正】一九・六〇七—六一七)を参照することによって、それらの本来の意味を知ることができる。そのことに関して露ばかりも疑いを差しはさんではならない。寸分も疑ってはならない〉」と。

【読み下し文】

五智の光照、常に三世に住するを以て、暫くも息むこと有ること無き平等の智身なり。〈五智と言うは、五大所成の智なり。一一の大に各智印を具せり。三世と者、三密、三身なり。暫くも息むこと有ること無きと者、此の如くの諸尊は、業用無間なり。此の仏業を以て、自他を利楽す。平等の智身と者、智と者、心の用、身と者、心の体なり。平等と者、普遍なり。

言く。五大所成の三密智印、其の数無量なり。身及び心智、三種世間に遍満遍満し、仏事を勤作して刹那も休まず。此の如くの文句、一一の文、一一の句、皆是れ如来の密号なり。二乗・凡夫は、但し句義をのみ解して、字義を解することを能わず。但し、字相のみ解して、字の密号を知ることを得ず。之れを覧《み》ん智人、顕句義を以て秘意を傷ること莫れ。若し薩埵の釈経を見ば、此の義知んぬべし。恡しむこと莫れ、恡しむこと莫れ〉」と。

【用語釈】
「薩埵の釈経」『般若理趣釈』は不空訳とされるが、内容は金剛薩埵の内証智を説くところから『理趣釈経』ともいわれ、経典として取り扱われることも少なくない。

ロ　『大日経』に説かれる法身説法

【要旨】

以下に『大日経』から二文を引用して、法身説法の証拠とする。初めに住心品からの引用は、通序と別序であるが、『大日経疏』の釈によれば、通序は五成就を、別序は瑞相三身の説法を説く文とされているが、ここでは通序の文を自性身の説法、別序の文を受用身、変化身、等流身の説法を明かす文と理解し、合わせて四種法身の説法の証拠と見做している。なおこの引用文ついて解説するにはかなりの紙数を要するので、詳しくは拙著『大日経住心品講讃』（大法輪閣、二〇一〇年、八三―一一七頁）を参照されたい。

【頼富】（一二九―一三〇）

『大日経』住心品の冒頭の経文に、密教の四種法身を当てはめる空海の操作については、【頼富】（一二九―一三〇）が要点を取り挙げ明快に紹介している。

【現代表現】

『大日経』住心品第一（【大正】一八・一上中）に、

「時空を超越した永遠のある時、尊く高貴な（自性身の毘盧遮那《びるしゃな》）仏が如来の具えておられる加持力によって出現した、広大なる金剛法界の宮殿に住まわれておられた。その場にはあらゆる持金剛が集まっていた。それらの名を挙げると、虚空無垢執金剛《こくうむくしゅうこんごう》から、金剛手秘密主《こんごうしゅひみつしゅ》に至る十九執金剛であって、これらを筆頭とする、十種の仏国土を微塵に破壊したほどの限りなく膨大な数の持金剛衆とご一緒においでになった。それだけではなく普賢菩薩《ふげんぼさつ》、妙吉祥菩薩《みょうきちじょうぼさつ》をはじめ諸大菩薩がその前後を取り囲み、そこで説法されているのであるが、その内容は、過去・現在・未来のあらゆる時間・歳月を超えた如来の日によって加持された身と語と意の三密平等の教えである。〈以上は法身の中では自性身の説法を明らかにした文である。〉

ある時、かの菩薩の中では普賢菩薩を筆頭に、十九執金剛の中では秘密主たる金剛手を筆頭に、その中央においでになる毘盧遮那如来が、法の楽しみを受用《じゅゆう》させようとこれらの菩薩と執金剛たちを加持されたので、如来の不思議な威光を受けて、あらゆる身的な威儀や相好を無限に荘厳した宝の蔵のような世界を現出された。また同時に語と意との平等なる存在を無限に荘厳した世界をも現出された。〈以上は受用身の説法を明らか

にした文である。〉

とはいえその世界は毘盧遮那仏の身とか語とか意から生じたものではない。それらは時空の限定をもたず、あらゆる場所において生じたり滅したりして、そのためにその全体像を容易に把握することはできない。ではあるがあらゆる身的な働き、語的な働き、意的な働きでもってあらゆる場所で、あらゆる時に、人々に最高にして真実なる真言に至る道筋を示す教えを解き明かしておられる。〈以上は変化身《へんげしん》の説法を明らかにした文である。〉

また（毘盧遮那仏は）執金剛、普賢菩薩、蓮華手菩薩等のお姿をとって現れ、あらゆる場所において、真言の教えの一切の対立を離れた清浄な教えをお述べになっておられる。〈以上は等流身《とうるしん》の説法を明らかにした文である。この中で等とは、代表として執金剛と蓮華手を挙げ、それに兼ねて外金剛部《げこんごうぶ》の諸尊を含めているということである。この経典に説かれる四種法身には、この四種を平等に見る横《おう》の見解と、区別して見る竪《しゅ》の見解の二種がある。ここでは説明のために、いちおう竪の見解を述べたが、横の見解もあわせて考慮すべきである。〉」

また同じく『大日経』百字果相応品第二十（【大正】一八・四〇中）には、

「その時、尊く高貴な毗盧遮那仏は執金剛秘密主に対して、〈もしあなたが尊き大覚者の絶対の智慧をもって灌頂され仏の境地に入ることができれば、自らが身・語・意の三平等の境地に住まいする状況を見て、それを証明することができる。

秘密主よ。尊きお方の絶対の智慧でもって灌頂されて仏の境地に入ることができれば、字輪を束ねて身体となし、この陀羅尼からなる身体をもって自らが法の楽しみをうけるために、仏の（自受用《じじゅゆう》の）所作を現前に顕す。

この時、尊き大覚者は（相手の宗教的な素養に）応じて、衆生の前に坐して仏の（他《た》受用《じゅゆう》の）お仕事をなされ、身語意の三密が仏と衆生と平等であるとの句を演説せられた〉と告げられた。

仏は〈秘密主よ、私が陀羅尼の形をした語輪の境地を観ずる時、それは広く長くあらゆる世界に行きわたった清浄な教えの入り口ともいってよい。その自然の本性に従い、それぞれの個性に応じて姿を変えて現実世界に出現させ、教えを示す門であり、それによってあらゆる生き者たちを喜びに導く〉と仰せられた。

また〈ここで（私が）述べている尊き釈迦牟尼は（顕教でいうような法身としての台上の釈迦、受用身としての葉上《ようじょう》の釈迦、変化身としての葉中の釈迦のように）無限に広がる虚空界を遍歴し、あらゆる処で仏の働きをされているのと同じである〉と説かれた。〈以上の文は大日如来の法・受用・変化の三身があらゆる世界に行きわたって仏の働きをなすことが、釈迦牟尼の法・報・応の三身と（形の上では）同じであることを明らかにしたものである。（だが）釈迦の三身と大日の三身は（内容の上では）それぞれ別々で同じものではない。この点について充分に心得てほしい〉」と。

【読み下し文】

『大毘盧遮那経』に云く、

「一時、薄伽梵《ばくぎゃぼん》、如来加持広大金剛法界宮《ほうかいぐう》に住したまう。一切の持金剛者、皆悉く集会《しゅうえ》せり。其の金剛を名づけて、虚空無垢執金剛《しゅうこんごう》、乃至、金剛手秘密主と曰《い》う。是《かく》の如く上首《じょうしゅ》として、十仏刹微塵数等《じゅうぶつせつみじんじゅとう》の持金剛衆《じこんごうじゅう》と倶《とも》なりき。及び普賢菩薩、妙吉祥《みょうきちじょう》菩薩、乃至、諸大菩薩、前後に囲繞《いにょう》して、而も法を演説したまう。所謂、三時を越えたる如来

の日、加持の故に、身語《しんご》意平等句《いびょうどうく》の法門なり。〈此れは自性身《じしょうじん》の説法を明かす。〉

時に彼の菩薩には普賢を上首《じょうしゅ》と為、諸執金剛には秘密主を上首と為。毘盧遮那如来、加持の故に、身無尽荘厳蔵《しんむじんしょうごんぞう》を奮迅示現《ふんじんじげん》したまう。是の如く語意平等の無尽荘厳蔵を奮迅示現したまう。〈此れは受用身《じゅゆうじん》の説法を明かす。〉

毘盧遮那仏の身、或いは語、或いは意より生ずるに非ず。一切処に起滅辺際《きめつへんざい》不可得なり。而も毘盧遮那の一切の身業、一切の語業、一切の意業は、一切処、一切時に有情界に於いて真言道句《しんごんどうく》の法を宣説《せんぜつ》したまう。〈此れは変化身《へんげしん》の説法を明かす。〉

又た執金剛、普賢、蓮華手菩薩等の像貌《ぞうみょう》を現じて、普く十方に於いて真言道《しんごんどう》の清浄句《しょうじょうく》の法を宣説したまう。〈此れは等流身《とうるしん》の説法を明かす。等と言う者、金剛蓮華手を挙げ、兼ねて外金剛部の諸尊を等《とう》ずるなり。此の経の四種法身《ししゅほっしん》に、亦た竪横《しゅおう》の二義を具す。文勢《もんぜい》知んぬべし〉」と。

又た云《いわ》く。

「爾《そ》の時に、毘盧遮那世尊、執金剛秘密主に告げたまわく。〈若し大覚世尊の大智灌頂地《かんじょうじ》に入りぬれば、自ら三三昧耶の句に住することを見る。

秘密主、薄伽梵《ばくぎゃぼん》、大智灌頂に入りぬれば、即ち陀羅尼形《だらにぎょう》を以て仏事を示現す。爾の時に大覚世尊、随って一切の諸の衆生の前に住して、仏事を施作《しさ》し、三三昧耶《さんざんまや》の句を演説したまう〉と。

仏の言わく《のたま》。〈秘密主、我が語輪《ごりん》の境界《きょうがい》を観ずるに、広長《こうちょう》にして遍く無量の世界に至る清浄門《しょうじょうもん》なり。其の本性《ほんじょう》の如く、随類《ずいるい》の法界《ほうかい》を表示する門なり。一切衆生をして、皆歓喜《かんぎ》することを得せしむ〉と。

亦た〈今の釈迦牟尼世尊の、無尽の虚空界に流遍《るへん》して、諸の刹土に於いて仏事を勤作《ごんさ》するが如し〉と。

〈此の文は、大日尊の三身《さんじん》、諸の世界に遍じて仏事を作すこと、亦た釈迦の三身の如くなることを明かす。釈迦の三身、大日の三身、各各《かくかく》不同なり。応《まさ》に之れを知るべし〉」と。

ハ　『守護国界主陀羅尼経』に説く法身説法

【要旨】

今までも法身の説法について触れる経文や釈文を挙げたが、いずれも三身ないし四身の説法であった。以下には、法性身と色身の二身の説法について説く経文と論疏を挙げ、さらにその正当性を検証する。

【現代表現】

『守護国界主陀羅尼経《しゅごこっかいしゅだらにきょう》』の第九巻（【大正】一九・五六五下）に、

「（毗盧遮那）仏が秘密主（金剛手）に次のように仰せられた。〈信心深い男子よ。この陀羅尼（om字）は尊き毗盧遮那仏が、欲界の最上階にある色究竟天《しきくきょうてん》において、帝釈天をはじめ諸々の天部の神々のために今までにも広く説かれているところだが、私（釈迦牟尼）が今、（ガヤの）菩提樹の下にある金剛道場において、諸々の国王、およびあなたたちのために、要約してこの陀羅尼門すなわち密教の教えを説く〉」と説かれている。

【読み下し文】

『守護国界陀羅尼経《しゅごこっかいだらにきょう》』の第九に云《いわ》く。

「仏《ほとけ》、秘密主に告げて言《のた》わく。〈善男子、此の陀羅尼は、毗盧遮那世尊、色究竟天《しきくきょうてん》にして、天帝釈《てんだいしゃく》、及び諸の天衆《てんじゅ》の為に已《すで》に広く宣説したまえり。我れ今、此の菩提樹《ぼだいじゅ》下金剛道場に於いて、諸《もろもろ》の国王、及与び汝等《なんだち》が為に、略して此の陀羅尼門を説く〉」と。

【用語釈】

「守護国界主陀羅尼経」　般若・牟尼室利共訳、十巻。唐の醴泉寺《れいせんじ》において、空海が直接般若に師事し、授かり請来した経典。承和二（八三五）年の「真言宗年分度者三人を度すべきこと」の太政官符に、この経典は金剛頂経業の年分度者の必修経典として挙げられている。内容は般若が西晋竺法護訳『大集経』中の『陀羅尼自在王品』『大日経』『諸仏境界摂真実経』等よりの引用した文よりなると考えられている。

二　『智度論』に説く法身説法

【現代表現】

『大智度論』の第九巻（【大正】二五・一二二下）に、

「仏に二種の身がある。一つは法性の身、二つには現実の父母より生まれた身である。初めの法性、すなわち真理そのものを身とする仏は、十方の虚空に遍く満ち溢れ、その数に限りがない。そのお姿やたたずまいは端正で、すばらしい容貌で飾られている。無限の光明と、限りなく音や声を具えておられる。説法を聞く人々も同じように虚空に遍く満ち溢れている。〈聴衆もまた法性の身であって、生死を繰り返す人が見ることのできる身体でないことを明らかにしたものである。〉

この法性の身は自らの眷属であるいろいろな身を現し、いろいろな名前を持たれている。そしてさまざまな者が生まれてくる現実の土地において、方便として多角的な活動をなし、生きとし生ける者たちを教化されている。常にあらゆるものに救いの手を差し伸べ、ほんのわずかな間も休まれることがない。このような仏が法性の身の仏である。

それに対して、種々の罪や咎の報いを現に受けている十方の生きとし生ける者たちを救済するのは、生身の仏である。この生身の仏は通常の容姿や音声で説法されるのは、人間の世界の様子とさして変わりがない」と述べられている。

また『大智度論』の第九巻（【大正】二五・一二六中）に、

「法身の仏は常に光明を放って、常に説法をなされている。それにもかかわらず衆生は罪を背負っているために、法身の説法されている姿が見えず、聞こえない。それはちょうど太陽が昇って明るくなっても目の不自由な人には見えず、雷が大地を揮わせるほどに大音響を発しても、耳の不自由な人には聞こえないようなものである。このように法身は常に光明を放ち、常に説法されているのだけれども、衆生は無限の歳月を重ねる間に数限りない罪や咎を犯しているので、それが見えず、また聞こえないのである。そのことは曇りのない鏡や清らかな水に顔を映す時にはよく見えて、鏡が汚れたり水が濁っている時には、何も見えないようなものである。このように衆生の心が清らかな時には仏が見え、心が清らかでない時には仏が見えない」と説かれている。


【読み下し文】

『智度論《ちどろん》』の第九に云《いわ》く。

「仏《ほとけ》に二種の身有り。一つには法性身《ほっしょうじん》、二つには父母生身《ぶもしょうじん》なり。是の法性身は、十方虚空に満ちて、無量無辺なり。色像端政《しきぞうたんじょう》にして、相好《そうごう》荘厳せり。無量の光明、無量の

音声《おんじょう》あり。聴法《ちょうぼう》の衆も、亦た虚空に満てり。〈此れは衆も亦た是れ法性身《ほっしょうじん》なり。生死《しょうじ》の人《にん》の所見に非ざることを明かす。〉

常に種種の身、種種の名号《みょうごう》を出《いだ》し、種種の生処《しょうじょ》にして、種種の方便をもて衆生を度す。常に一切を度して須臾《しゅゆ》も息《や》む時無し。是の如《かく》きは、法性身の仏なり。#能く十方の衆生の諸の罪報を受くるを度するは、是れ生身の仏なり。生身の仏は次第に説法すること、人《にん》の法の如し」と。

#【弘全】【定弘】共に「能く十方の衆生を度して諸の罪報を愛くる者は是れ生身の仏なり」

又た云く。

「法身の仏は、常に光明を放って常に説法したまう。而るに罪を以ての故に見ず、聞かざること、譬えば日出れども盲者《もうしゃ》は見ず、雷霆《らいてい》地を振えども聾者《ろうしゃ》は聞かざるが如し。是の如く法身は、常に光明を放って常に説法したまえども、衆生は無量劫《こう》の罪垢厚重《ざいくこうじゅう》なること有って、見ず聞かざること、明鏡《めいきょう》浄水の面《おもて》を照らすときは、則ち見、垢翳《くえい》不浄なるときは、則ち所見無きが如し。是の如く衆生の心《しん》清浄なるときは、則ち仏を見、若し心《しん》不浄なるときは則ち仏を見ず」と。

ホ　『密迹金剛経《みっしゃくこんごうきょう》』に説く法身説法

【現代表現】

さらにまた『大智度論』第十巻（【大正】二五・一二七）に、「『密迹金剛経』の中に、〈仏には三密がある。すなわち身密、語密、意密である。けれども天人たちはだれもそれが分からず、知らない〉」と説かれている。〈以上に引用した経典や論疏等の文は皆、顕教と密教の違いを述べたもので、法身が説法をなすという証拠となる。これらを目にした智慧ある人はさらに詳しく調べて、自身の間違った考えを訂正すべきであろう。〉

【読み下し文】

又た云く。

「『密迹金剛経《みっしゃくこんごうきょう》』の中に説くが如し。〈仏に三密有り、身密・語密・意密なり。一切の諸の天人は皆解《さと》らず、知らず〉」と。〈上来の経論等の文は、並びに是れ顕密の差別《しゃべつ》、法

身説法の証《しょう》なり。披《ひら》き鑒《かんがみ》ん智者、詳《つまび》らかんじて之れが謎《めい》を解け。〉

【用語釈】

「密迹金剛経」『大宝積経』の中の竺法護訳『密迹金剛力士経』（【大正】一一・三一〇番）か。

17　顕密二教の特質

【要旨】

最終の段階において、釈尊の教えに秘密蔵のある理由と、釈尊が説かれたという陀羅尼門は『六波羅蜜経』の五蔵説のいずれに入るのかの二つの問答でもって締めくくる。

【現代表現】

お尋ねします。「もしあなたがおっしゃるように、法身ご自身が覚られた智慧の境地をそのままお説きになった教えが秘密であり、それ以外の教えを顕教というのであれば、何故、釈尊のお説きになった経などに秘密蔵という名がつけられているのですか。

さらにまたそもそも釈尊がお説きになられた陀羅尼門つまり密教は、先に取り上げられた五蔵のうちのいかなる蔵に配したらよろしいのでしょうか。」

以上の二問に答える。「顕教にも密教にも、無数の経典があり、それらに説かれている内容、その意味もさまざまで限りがない。もし浅いか、深いかの基準で分ければ、深いのは密教であり、浅い理解は顕教となる。だから外道の経典や論書にも秘蔵の名を持つ経や論がある。一方、如来がお説きになった教えの中にも、顕があり密もある。もし仏が小乗の教えをお説きになられたとしても、それを外道の教えと比べれば、それを深密と名づけてもよい。大乗も小乗に比べれば、小乗が顕で、大乗は密となる。また一乗（大乗の中でも優れた教え）と三乗（声聞・縁覚・菩薩の教え）とであれば、一乗が上位に選ばれるから一乗が秘となる。総持《そうじ》すなわち陀羅尼は、多くの言葉を重ねなければ意味の通じない（顕の）教えに対しては秘密の名を持つことになる。法身の説は内容が多彩で奥深い。応身とか化身の説は底が浅く限界がある。以上の理由のために法身の説法を秘というのである。

要するに、秘密という言葉に二種の意味がある。その一つは衆生の秘密であり、二つめは如来の秘密である。

衆生は覚りに遠く、妄想に犯かされていることにより、本来的に持っている覚りの性を自分自身で閉ざしているために、これを衆生の自秘という。つまり凡夫がかってに自身が仏となる性質を隠してしまっていることをいうのである。

それに対して応身と化身の説法は、相手の宗教的な能力に応じて、精神的な薬となる教えを示す。この場合は言葉が表面的な意味をもち、衆生にそのまま届く。一方、法身仏が他受用身、つまり他者を教化しようとして現れる仏は、自らの覚りの内容を通常の言葉では表現できないことをよくご存じなので、その内容を秘密にして語られることはない。大乗仏教の菩薩の修行段階の最高位におられる等覚《とうがく》も、十地《じゅうじ》の段階にある菩薩たちも見聞することができないほど遥かに離れた境地であるからである。これを如来の秘密という。

以上述べたように、秘という名はいろいろあって数限りがない。法身の最も究極的な最高の自己の覚りの境地を、秘蔵という。応身や化身の説いた陀羅尼（密教）の教えも、同じく秘蔵とは言われることがあるけれども、それは法身の説と比べれば、権《ごん》つまり仮りの段階に過ぎず、実ということはできない。秘といってもその中にも権と実とがある。時と場合によって、権と実とのどちらに入れるべきかよく判断してほしいものである。」

【読み下し文】

問う。「若し所談《しょだん》の如くならば、法身内証智《ないしょうち》の境を説くを名づけて秘密と曰《い》い、自外《じげ》をば顕と曰う。何が故にか、釈尊所説の経等に秘密蔵の名有るや。又た彼の尊所説の陀羅尼門をば、何《いずれ》の蔵にか摂するや。」

答《と》う。「顕密の義、重重無数なり。若し浅を以て深《じん》に望むれば、深は則ち秘密、浅略《せんりゃく》は則ち顕なり。所以《このゆえ》に外道の経書《きょうしょ》にも、亦た秘蔵の名有り。如来の所説の中にも顕密重重なり。若し仏、小教《しょうきょう》を説きたまうを以て、外人《げにん》の説に望むれば、即ち深密の名有り。大を以て小に比すれば、亦た顕密有り。一乗は三を簡《えら》ぶを以て、秘の名を立つ。総持は多名《たみょう》に択《えら》んで、密の号を得《な》。法身の説は深奥《じんのう》なり。応化の教は浅略なり。所以《このゆえ》に秘と名づく。

所謂、秘密に、且《また》二義有り。一つには衆生の秘密、二つには如来の秘密なり。衆生は無明《むみょう》妄想《もうぞう》を以て、本性《ほんじょう》の真覚を覆蔵《ふぞう》するが故に、衆生自秘《じひ》と曰う。応化の説法は、機に逗《かな》って薬を施す。言《ことば》虚しからざるが故に。所以《このゆえ》に他受用身《たじゅゆうじん》は、内証を秘して其の境《きょう》を説きたまわず。則ち等覚《とうがく》も希夷《けい》し、十地も離絶《りぜつ》せり。是れを如来《にょらい》秘密《ひみつ》と名づく。

是《かく》の如く、秘の名、重重無数なり。今秘密と謂う者、究竟最極法身《くきょうさいごくほっしん》の自境を以て秘蔵と為。又た応化所説の陀羅尼門は、是れ同じく秘蔵と名づくと雖も、然も法身の説に比すれば、権《ごん》にして実にあらず。秘に権実有り。応《おう》に随って摂すべしまくのみ。」

あとがき

『辯顕密二教論』は空海が中国における最新の仏教、すなわち正系の密教を授かり帰国して、最初にもっとも情熱を込めて筆を走らせた書物である。自らが請来したすばらしい教えを、一刻も早く日本の宗教界に着実に伝えたいという使命感に燃えた切実な思いも感じとれる。

したがって空海の円熟期の著作、例えば『十住心論』とか『般若心経秘鍵』に見られるような熟成した論理的な思索や、組織的な資料の提示という面ではいくらかの粗さが目立つ。それだけに異常な熱気が、この書物から漂う。

上巻だけで思いは完結せず、後に下巻の執筆を企画し、そこでさらに資料を追加して論旨を補強したのも、この書物を完璧な形で完成させたいという著者のひたすらな願いが込められているように思える。

本年の研究会において、講読を担当していただいたのは、土居夏樹、桜木潤、那須真由美、北川真寛、徳重弘志の各氏である。

高野山大学の密教研究所において、空海の主要著作の研究会を開いていただいて、七年経過した。一緒に研究会に参加してくださった高野山大学の先生方の熱意に後押しされて出版が継続してきた感が深い。この間に『秘蔵宝鑰』、『即身成仏義』、『声字実相義』、『吽字義釈』と本書と、故障しがちな老生に、これほど長期にわたりよくぞお付き合いいただいたものである。「訳注　空海の著作シリーズ」も、この研究会を開始する以前に上梓されていた『般若心経秘鍵』を加えて六冊を数える。

そして何よりも、弘法大師・空海著作の訳注シリーズの刊行を、激励の言葉とともに賛成下された春秋社の神田明社長を初め編集部の方々、緻密な校正と、適格な編集技術で御助力いただいた豊嶋悠吾氏に、甚深の謝意を呈上してこの訳注シリーズを締めくくりたい。

令和三年十二月三十一日

六十年間　研究生活を支えてくれた妻の三回忌にあたり

高野山の寓居にて

松長有慶しるす

〈著者紹介〉
松長有慶（まつなが ゆうけい）
1929年、高野山生まれ。高野山大学密教学科卒業。東北大学大学院インド学博士課程修了。文学博士（九州大学）。高野山大学教授、同学長、同密教文化研究所所長、大本山寶壽院門主、高野山真言宗管長、全日本仏教会会長、真言宗長者等を経て、現在、高野山大学名誉教授、密教文化研究所顧問。専門は密教学。主著に『松長有慶著作集』〈全5巻〉（法蔵館）、『密教の歴史』（平楽寺書店）、『密教』『高野山』（岩波新書）、『秘密集会タントラ校訂梵本』『秘密集会タントラ和訳』（法蔵館）、『訳注 般若心経秘鍵』『訳注 秘蔵宝鑰』『訳注 即身成仏義』『訳注 声字実相義』『訳注 吽字義釈』（春秋社）がある。

訳注 弁顕密二教論

2022年1月20日 初版第1刷発行

著　　者　**松長有慶**
発 行 者　**神田 明**
発 行 所　株式会社 **春秋社**
〒101-0021 東京都千代田区外神田2-18-6
電話 03-3255-9611（営業）
03-3255-9614（編集）
振替 00180-6-24861
https://www.shunjusha.co.jp/
装 幀 者　本田 進
印刷・製本　萩原印刷株式会社

ISBN978-4-393-11350-9　定価はカバー等に表示してあります

◎松長有慶の本◎

訳注　般若心経秘鍵

空海が真言密教の立場から『般若心経』を解釈した『般若心経秘鍵』を読解。『空海　般若心経の秘密を読み解く』の改題新版。　２４２０円

訳注　秘蔵宝鑰

世俗の段階からはじまり真言密教の段階に至るまでの十住心を説いた空海の代表的著作を、わかりやすく読解した決定版。　３８５０円

訳注　即身成仏義

「即身成仏」の思想を、六大等の側面から理論的に説いた空海の代表作に、仏教用語から出典まで丁寧な解説を加えた決定版。　２７５０円

訳注　声字実相義

文字・音声と、ものと仏との関係を独自の鋭い考察から論じた『声字実相義』に、丁寧な解説を加え、わかりやすく読解した決定版。　２７５０円

訳注　吽字義釈

文字に焦点を当てて著された『吽字義』に、仏教用語から出典まで丁寧な解説を加え、わかりやすく読解した決定版。　２９７０円

▼価格は税込（10％）。